Das Beste aus alter Zeit

Gisela Muhr

Das Beste aus alter Zeit

Großmutters bewährte Ratschläge für Haus und Hof

REGIONALIA VERLAG

Dieses Buch wurde nach dem aktuellen Wissensstand sorgfaltig erarbeitet. Dennoch erfolgen alle Angaben ohne Gewähr. Der Verlag haftet nicht für eventuelle gesundheitliche Nachteile oder Schäden, die aus der Umsetzung der im Buch angegebenen praktischen Hinweise resultieren. Die enthaltenen Ratschläge zur Heilung oder Linderung von Krankheiten ersetzen nicht die Untersuchung und Betreuung durch einen Arzt. Vor Durchführung einer Selbstbehandlung sollte stets ein Arzt konsultiert werden, insbesondere wenn Sie an gesundheitlichen Beschwerden leiden, regelmäßig Medikamente einnehmen oder schwanger sind.

Gisela Muhr, Das Beste aus alter Zeit.
Großmutters bewährte Ratschläge für Haus und Hof

Lektorat: All you can read – Kreativ-Agentur Anke Hennek

Layout und Satz: Peter Mebus für agilmedien, Niederkassel
Gestaltung Cover und Umschlag: Derek Gotzen für agilmedien gbr, Niederkassel

Printed in Italy 2013

ISBN 978-3-939722-79-3

www.regionalia-verlag.de

Inhalt

Vorwort

In diesem Buch finden Sie wertvolle Tipps und Tricks rund um „Haus und Hof". Viele Hausmittel, die unsere Großmütter noch regelmäßig anwandten, sind im Laufe der Zeit in Vergessenheit geraten, obwohl diese nach wie vor sehr hilfreich und vor allem preiswert sind. Für viele Haushaltsprobleme lassen sich einfache Lösungen finden, die uns in Erstaunen versetzen und das überreiche Angebot an Reinigungsmitteln, Cremes und Pülverchen unnötig machen.

Ist es wirklich notwendig, dass man für alles ein eigenes Reinigungs-, Putz- oder Pflegemittel im Haus hat? Mitnichten! Denn wussten Sie, dass man beispielsweise mit einfachem Essig Kalkablagerungen an Wasserhähnen entfernen kann? Oder dass man durch Buttermilch und Honig eine samtweiche Haut bekommt? Oder dass Wacholder die Abwehrkräfte stärkt? Tipps etwa zur Fleckenentfernung finden Sie genauso wie Hilfe gegen Ungeziefer und Ratschläge für den Garten.

Nicht immer bedeutet Arbeitserleichterung durch unterschiedlichste chemische Hilfsmittel auch Fortschritt, vor allem wenn man bedenkt, was der Mensch im Laufe der letzten 100 Jahre der Umwelt und der Natur angetan hat. Warum also nicht auf die altbekannten und bewährten Hausmittel zurückgreifen und dadurch zugleich die Umwelt schonen? Rückschrittlich ist das auf keinen Fall, insbesondere da die meisten Haushaltsreiniger oder Pflegeprodukte auch nicht immer halten, was sie versprechen.

Probieren Sie unsere sorgfältig zusammengetragenen Tipps und Tricks einfach selbst aus. Sie werden sehen: Sie funktionieren tatsächlich!

Wichtige Tipps und Tricks rund um Haushalt und Lebensmittel

Lebensmittel sind in unserer heutigen Zeit in Hülle und Fülle vorhanden. Im Winter können wir Erdbeeren essen und im Sommer schmeckt dem einen oder anderen auch Wintergemüse. In alten Zeiten war dies nicht möglich, da die Hausfrau auf regionale und damit saisonale Produkte angewiesen war.

Lebensmittel mussten damals gut behandelt und gelagert werden, denn sie waren kostbar und wertvoll. Der sorgsame Umgang mit Nahrungsmitteln war daher schon immer ein Kernpunkt des Hausfrauenwissens: Und so konnten unsere Großmütter aus den Lebensmittelresten vom Vortag am Folgetag ein köstliches Mahl auf den Tisch zaubern. Sie brachten jeden Kuchen zum Aufgehen, sauer gewordene Milch wurde nicht weggegossen und runzlige Äpfel wurden wieder geglättet. In den Müll wanderte so schnell nichts Essbares. Die riesigen Müllberge unserer Tage können allein schon Anreiz genug sein, es unseren Müttern und Großmüttern nachzutun. Mit deren Wissen gelingt es, der Wegwerfgesellschaft keinen Vorschub zu leisten und zugleich die Umwelt als auch den Geldbeutel zu schonen. Denn das richtige Lagern und Behandeln von Lebensmitteln hat zur Folge, dass der Mülleimer häufiger „verschont" bleibt.

Einige weitere wichtige Tipps vorweg: Kaufen Sie nur so viel frische Lebensmittel, wie Sie auch in nächster Zeit verbrauchen. Achten Sie bei Ihrem Einkauf auf das Mindesthaltbarkeitsdatum und stellen Sie keine offenen Lebensmittel in den Kühlschrank. Angebrochene Lebensmittel wie Reis, Nudeln etc. immer in verschließbare Gefäße füllen. Kartoffeln und Zwiebeln nicht in Plastiktüten, dafür aber an dunklen und trockenen Orten lagern.

ALTES BROT

wird wieder schmackhaft, wenn man es mit Wasser bestreicht, in Alufolie wickelt und bei 180 °C 10 Minuten im Backofen aufbäckt.

ALTE WALNÜSSE

kurz in kochendes Wasser legen und anschließend bei etwa 180 °C für 20 Minuten in den Backofen geben; dann schmecken die Nüsse wieder frisch.

ANANAS

Eine reife Ananas kann man daran erkennen, dass sich die Blättchen der Blattkrone leicht abzupfen lassen.

ÄPFEL

☞ Äpfel bleiben länger fest, wenn man sie so auf ein Tablett legt, dass sie sich nicht berühren.

☞ Verschrumpelte Äpfel bekommen wieder eine glatte Schale und ein frisches Aussehen, wenn man sie in eine Schüssel mit heißem Wasser legt.

ARTISCHOCKEN

in ein leicht feuchtes Tuch einschlagen und in einer Plastiktüte im Gemüsefach des Kühlschranks lagern. So bleiben Artischocken eine knappe Woche frisch.

AUSGETROCKNETE ROSINEN

werden wieder weich, wenn man sie mit kochendem Wasser übergießt und einige Minuten ziehen lässt.

BANANEN

reifen langsamer, wenn man sie einzeln in Zeitungspapier einschlägt und in einen Obstkorb (niemals in den Kühlschrank) legt.

BRECHBOHNEN

behalten ihre frische grüne Farbe, wenn sie im Topf ohne Deckel gegart werden.

BUTTERBROTE

bleiben länger frisch, wenn man sie vor dem Einschlagen in Papier mit frischen Salatblättern umwickelt.

CAMEMBERT

Wenn man Camembert aus der Verpackung nimmt und in Alufolie wickelt, hält er sich 1 Woche länger, als das Ablaufdatum empfiehlt.

CHAMPIGNONS

sollten stets luftig aufbewahrt werden, am besten in einer offenen Schale im Kühlschrank, dann bleiben sie 2–3 Tage frisch. Dabei nicht neben Früchten lagern, diese lassen Pilze schneller altern.

CHICORÉE

Die Bitterstoffe des Chicorée sind vor allem im Strunk enthalten, der deswegen keilförmig herausgeschnitten werden sollte. Soll Chicorée als Salat verwendet werden, sollte man ihn vor dem Anrichten kurz in Milch einlegen – dann ist er nicht mehr so bitter.

DILL

bleibt länger frisch, wenn man ihn mit Wasser besprengt und in einem Schraubglas im Kühlschrank aufbewahrt.

EIER

☞ Angeschlagen: Sind Eier angeschlagen, lassen sie sich trotzdem kochen, ohne auszulaufen, wenn man sie fest mit Seidenpapier einwickelt.

☞ Aufbewahren: Eier nehmen die Gerüche von stark riechenden Lebensmitteln an. Deswegen sollten sie immer im Eierfach des Kühlschranks aufbewahrt werden.

☞ Frischetest: Ei in etwas kaltes Wasser legen. Ist es noch frisch, bleibt es am Boden. Gluckert hingegen ein Ei, wenn man es schüttelt, sollte es nicht mehr verzehrt werden.

ERDBEEREN

friert man am besten ein, indem man sie zunächst auf ein Backblech legt und erst nach dem Gefrieren in Behälter füllt.

FELDSALAT

kurz vor dem Anrichten in eiskaltes Wasser legen, dann wird er besonders knackig. Danach vorsichtig trocken schleudern.

FISCH

☞ Frischetest: Frischen Fisch erkennt man an seiner weißen oder rosa Fleischfarbe, wenn die Kiemen hellrot sind und eng anliegen, die Schleimhaut glatt ist, die Augen glänzen und er nach Meer und Wasser riecht. Alter verdorbener Fisch ist rot oder braun gefleckt.

☞ Aufbewahren: Wird der Fisch zur Aufbewahrung in ein mit Essigwasser getränktes Leintuch gewickelt, bleibt er länger frisch.

FLEISCH

mit Essig abreiben, dann bleibt es in rohem Zustand länger frisch.

GEBÄCK

wie Kekse oder Weihnachtsplätzchen sollte immer in geschlossenen Dosen aufbewahrt werden. Die Zugabe eines Apfelstücks sorgt für längere Haltbarkeit und für ein frisches Aroma.

GELATINE

Da Gelatine nicht feucht werden darf, sollte sie immer in Schraubgläsern aufbewahrt werden.

GEWÜRZE

sollten immer nur in kleinen Mengen eingekauft und in gut verschließbaren Dosen oder Gläsern aufbewahrt werden. Große Mengen werden nicht so schnell aufgebraucht, wobei die Gewürze nach längerer Lagerung ihr Aroma und den Geschmack verlieren.

HASENFLEISCH

wird besonders zart, wenn es 1–2 Tage vor der Zubereitung in Buttermilch eingelegt wird.

INGWER

kann man zur Aufbewahrung sogar einpflanzen: Eine frische Knolle dazu in einem Tonblumentopf in Erde stecken und ab und zu etwas gießen, dann wächst die Knolle sogar weiter.

JOHANNISBEEREN

entstielt man, indem man eine Gabel über die Rispen zieht.

KAFFEE

sollte, wenn er gemahlen ist, immer luftdicht verpackt werden. So bleibt er länger frisch.

KAKAO

☞ sollte in Porzellangefäßen gelagert werden, dann bleibt er länger frisch.

☞ Damit er nicht verklumpt, kann man etwas Zucker unter das Pulver mischen.

KARTOFFELN

Legt man runzlige Kartoffeln kurze Zeit in Eiswasser, werden diese wieder glatt.

KÄSE

Je nach Wassergehalt kann man Käse unterschiedlich lang lagern: Im Kühlschrank hält sich Hartkäse mindestens 1 Woche, Weichkäse dagegen nur einige Tage. Damit sich bei Hartkäse (z. B. Emmentaler) und Schnittkäse (z. B. Gouda) das Aroma voll entfalten kann, sollte der Käse etwa 1 Stunde vor dem Essen aus dem Kühlschrank genommen werden.

KÜCHENKRÄUTER

sollten, wenn sie frisch sind, niemals in Wasser gestellt werden. Die richtige Lagerung ist im Gemüsefach des Kühlschrankes.

LAUCH

wäscht man, indem man die Stangen halbiert, aber nicht durchschneidet. Das verhindert, dass die Lauchstange auseinanderfällt.

LEBER

niemals vor dem Braten salzen, sonst wird sie hart.

MAYONNAISE

gerinnt nicht, wenn man zuerst den Senf in die Schüssel gibt und erst dann die Eier. Die Zutaten sollten alle möglichst kühl sein. Das Öl langsam hinzugeben.

MEERRETTICH

hält sich wunderbar lange, wenn er frisch am Stück eingefroren wird. Bei Bedarf die Wurzel in gefrorenem Zustand reiben.

MILCH

kocht nicht über, wenn man den Topf zuvor mit etwas Butter einfettet.

MOHN

nicht auf Vorrat kaufen – er ist nicht lange haltbar und wird schnell ranzig.

MÖHREN

☞ zum Lagern unbedingt vom Grün befreien. Denn das entzieht dem Gemüse Feuchtigkeit.
☞ nie in einem Aluminiumtopf kochen. Sie werden ansonsten grau und unansehnlich.

MÜRBETEIG

lässt sich auf Vorrat zubereiten, denn gut verpackt in Pergamentpapier hält er sich bis zu 1 Woche im Kühlschrank.

MUSCHELN

müssen vor dem Kochen eine geschlossene Schale haben. Offene Muscheln können verdorben sein.

MUSKATNÜSSE

trocken und luftdicht gelagert, behalten über mehrere Jahre ihr Aroma.

NAPFKUCHEN

Damit dieser beim Backen nicht zusammenfällt, kann man einfach eine Makkaroni in die Mitte des Kuchenteiges stecken.

NIEREN

verlieren ihren strengen Geschmack, wenn man diese vor der Zubereitung für 1 Stunde in Milch legt.

NUDELN

nach dem Abgießen niemals abschrecken. Andernfalls haftet die Soße nicht mehr gut an den Nudeln. Stattdessen etwas Kochwasser beiseitestellen und über die Nudeln geben, wenn sie aneinander festkleben.

NÜSSE

enthalten viel Fett. Damit sie nicht ranzig werden, lagert man sie am besten im Kühlschrank.

ÖL

sollte immer dunkel und kühl gelagert werden.

OLIVEN

Oliven in einem einmal geöffneten Glas halten sich länger, wenn man sie mit Öl oder Zitronensaft bedeckt.

ORANGEN UND ZITRONEN

☞ sollten vor dem Pressen mit der Hand über die Arbeitsfläche gerollt werden. So bekommt man mehr Saft aus den Früchten.

☞ kann man mit einer Nadel oder einer Gabel einstechen, wenn man nur wenig Saft braucht. Dann hält sich die Frucht länger.

PARMESANKÄSE

in Salz legen, dann bleibt er wochenlang frisch.

PETERSILIE

wird wieder frisch, wenn man sie in lauwarmes Wasser legt.

PFIRSICHE

Diese Früchte immer nur kaufen, wenn sie fast reif, also schon etwas weich, sind, denn sie reifen schlecht nach. Pfirsiche immer getrennt lagern, denn sie scheiden viel Reifegas (Ethylen) aus und verderben dadurch schnell.

PHYSALIS

Die südamerikanische Kapstachelbeere erfreut sich immer größerer Beliebtheit. Beim Einkauf sollten die süßsauren Früchtchen fest sein und keine dunklen Blätter haben. Im Kühlschrank halten sich die Physalis recht gut, schimmelige Früchte sollten sofort entfernt werden.

QUARK

bleibt länger frisch, wenn er im Kühlschrank mit der Packung auf den Kopf gestellt wird.

RADIESCHEN

müssen zur Lagerung vom Grün befreit werden. Man sollte sie waschen, in einen Gefrierbeutel füllen und in den Kühlschrank legen. So halten sie sich mehrere Tage.

RHABARBER

Rhabarber sollte nie mit Aluminium oder Zink in Verbindung kommen, da diese Stoffe mit der Oxalsäure reagieren, die in dem Gemüse enthalten ist. Daher Rhabarber nicht in einem Aluminiumtopf verarbeiten oder in Alufolie einschlagen.

ROSENKOHL

Den für manchen störenden Geruch des Kohls kann man etwas abmildern, wenn man ein Stück altes Brot oder einen Walnusskern mitgart.

ROTWEIN

immer mindestens 2 Stunden vor dem Verzehr entkorken. Durch dieses „Lüften" kann der Wein sein volles Aroma entwickeln.

SALZ

im Salzstreuer klumpt nicht, wenn man einige Reiskörner mit in den Streuer gibt.

SCHOKOLADE

Wenn man Schokolade reiben möchte, sollte man diese mit der Reibe 1 Stunde ins Gefrierfach legen.

SENF

muss kühl, dunkel und gut verschlossen aufbewahrt werden. So ist er lange haltbar und trocknet nicht aus. Sollte das dennoch passieren, kann man ihn durch Zugabe von Öl und Weißwein wieder glatt rühren.

SPARGEL

☞ Spargel kann hervorragend eingefroren werden, um das Gemüse noch über die kurze Saison hinaus genießen zu können. Einfach vor dem Einfrieren waschen und schälen, dann kann es bei Bedarf portionsweise entnommen werden. Nicht vor dem Einfrieren blanchieren, das erhält die Vitamine wie auch das Aroma.

☞ Frisch in ein feuchtes Leinentuch gewickelt, hält sich Spargel im Gemüsefach des Kühlschranks mehrere Tage.

SPEISEÖL

Zur Lagerung sollte man etwas Salz in die angebrochene Flasche geben, so wird das Öl nicht ranzig.

SÜSSKARTOFFELN

dürfen nicht im Kühlschrank gelagert werden. Diese tropische Köstlichkeit kann Kälte nicht vertragen.

TEE

Dunkel gelagert, am besten in einer gut schließenden Blechdose, hält sich Tee am besten.

TOMATEN

- ☞ nicht im Kühlschrank lagern, dort verlieren sie ihr Aroma. Die Tomaten mit dem Stielansatz nach unten an einen trockenen, luftigen Ort legen. Tomaten können in Scheiben geschnitten auch eingefroren werden.
- ☞ Soll das Gemüse geschält zum Einsatz kommen, die frischen Tomaten kreuzweise einritzen und kurz in kochendes Wasser legen. Danach kalt abschrecken und die Haut lässt sich spielend leicht abziehen.

VANILLESCHOTEN

Ausgekratzte Vanilleschoten in ein Schraubglas mit Zucker legen. So erhält man einen schmackhaften Vanillezucker.

WALNÜSSE

gehackt, lassen sich gut einfrieren und halten so bis zu 1 Jahr.

WEIN

- ☞ Weinflaschen sollten in Zeitungspapier eingewickelt und in Kisten verpackt an einem kühlen Ort aufbewahrt werden. Die Flaschen sollten im Liegen gelagert werden, sodass der Wein Kontakt zum Korken hat.

☞ Bleibt einmal der eine oder andere Schluck Wein übrig, kann man auch diesen sinnvoll verwerten: einfach in Eiswürfelbehälter füllen und einfrieren, dann hat man immer kleine Portionen zur Verfeinerung von Soßen zur Hand.

WILDFLEISCH

Wer den typischen Eigengeschmack des Wildfleischs nicht so sehr schätzt, kann diesen abmildern, indem er das Fleisch über Nacht in Buttermilch einlegt. Das Wild wird dadurch auch schön zart.

WÜRSTCHEN

platzen nicht auf, wenn man dem Kochwasser eine Prise Salz beigibt.

ZWIEBELN

☞ Einzeln in Folie gewickelt, treiben Zwiebeln nicht aus und bleiben länger frisch.

☞ Lassen etwas ältere Zwiebeln sich schlecht schälen, sollten sie kurz in lauwarmes Wasser gelegt werden. Dann kann man die Haut leichter abschälen.

☞ Zwiebeln schneiden, ohne Tränen zu vergießen, kann man, wenn man während des Schneidens einen Schluck Wasser im Mund behält.

AGAR-AGAR

ist ein pflanzliches Geliermittel, das sich sehr gut als vegetarischer Gelatineersatz eignet.

ALUMINIUMTÖPFE

bekommt man wieder ganz sauber, wenn man Rhabarber oder Rhabarberblätter darin kocht.

ANGEBRANNTER EINTOPF

Ist eine Speise im Topf angebrannt, diesen zugedeckt für einige Minuten in kaltes Wasser stellen. Dann ohne umzurühren in einen neuen Topf geben und weiter verarbeiten. Gibt man Zwiebelstücke dazu, nehmen diese den verbrannten Geschmack auf und können vor dem Servieren wieder herausgenommen werden.

AUSSTECHFORMEN

kleben nicht am Teig fest, wenn man sie vorher in warmes Wasser taucht.

AVOCADO-DIP

Da das Fruchtfleisch der Avocado bei der Verarbeitung sehr schnell braun und unansehnlich wird, sollte man die Frucht möglichst schnell mit Zitronensaft beträufeln. Wird der Dip nicht sofort verzehrt, kann man das Braunwerden zusätzlich dadurch etwas verlangsamen, dass man den Dip mit Klarsichtfolie bedeckt und in den Kühlschrank stellt.

BACKBLECH

Rostflecken auf dem Backblech lassen sich ganz einfach entfernen: Zuerst das Blech mit Salz einreiben, dann mit einem Tuch mit Öl nachwischen.

BACKPULVER

kann man durch die gleiche Menge Natron ersetzen, wenn man einmal kein Backpulver im Haus hat.

BLÄTTERTEIG

Damit der Blätterteig schön golden wird, bestreicht man ihn mit Eigelb. Dabei ist allerdings darauf zu achten, dass das Eigelb oben auf den Stücken bleibt und nicht an der Seite herunterläuft, denn sonst gehen die Teigstücke nicht gleichmäßig auf.

BLINDBACKEN

Statt der üblichen Hülsenfrüchte wie Erbsen oder Linsen kann man zum Blindbacken auch Reis verwenden.

BOHNENSALAT

Damit der Salat besonders aromatisch wird, möglichst sofort nach dem Kochen, also heiß, mit der Marinade vermengen. So nehmen die Bohnen die Gewürze besser auf.

DECKEL

Den verlorenen Knauf eines Topfdeckels kann man durch einen Korken ersetzen, den man auf das Gewinde dreht.

DÜNSTEN

empfiehlt sich besonders bei Lebensmitteln mit kurzer Garzeit. Auf Fett kann bei dieser gesunden Garmethode weitgehend verzichtet werden.

EINMACHGLÄSER

☞ Lässt sich der Deckel nicht öffnen, hält man das Glas kurz über heißen Wasserdampf. Das Gummi lässt sich dann ganz leicht aufziehen.

☞ Die Gläser immer mit Datum und Inhalt beschriften. So kann man verhindern, dass das Einmachgut veraltet und es zu Verwechslungen kommt.

EISABLAGERUNGEN

im Kühlschrank kann man verhindern, indem man die Innenwände mit einer Mischung aus warmem Wasser und wenigen Tropfen Glycerin einreibt.

EISCHNEE

☞ Schlägt man ihn langsam, wird er besonders luftig.

☞ Tiefgefroren kann er gut aufbewahrt werden.

EMAILLIERTE TÖPFE UND PFANNEN

nicht kalt abschrecken, sondern langsam abkühlen lassen.
Emaille zerspringt wie Glas.

ENERGIEERSPARNIS

kann man beim Kochen erreichen, wenn man die Nachwärme der Herdplatten nutzt. Das heißt, man stellt die Kochplatte 5–10 Minuten vor Ende der Garzeit ab und lässt die Speisen auf der sich langsam abkühlenden Herdplatte stehen.

ESSIG

sollte nie in Plastik- oder Metallgefäßen aufbewahrt werden.
Am besten eignen sich Glas, Porzellan oder Steingut.

FETTSPRITZER

beim Braten kann man vermeiden, wenn man eine Prise Salz in die Pfanne streut. Man kann auch vor dem Braten etwas Mehl in die Pfanne stäuben, dann spritzt heißes Fett bedeutend weniger. Aber Achtung: das Mehl nicht zu heiß werden lassen, sonst brennt es an.

FILTERTÜTEN

☞ Die Ränder der Filter vor dem Kaffeekochen einknicken – so vermeidet man, dass der Filter platzt.

☞ Vor dem Kaffeekochen etwas kaltes Wasser über die Filter geben, dann zerreißen und verrutschen sie nicht.

FLAMBIEREN

Bei diesem Vorgang sollte vermieden werden, den Alkohol direkt aus der Flasche in die Pfanne zu gießen. Es besteht ansonsten die Gefahr, dass die Flamme direkt auf die Flasche überspringt. Den Alkohol immer in einem Löffel oder in einem speziellen Topf hinzugeben.

FRUCHTGRÜTZE

Wenn man bei der Zubereitung dieser Leckerei die Früchte schonen möchte, sollte man den Fruchtsaft zunächst ohne Früchte kochen und eindicken. Dann erst die Früchte unterheben – so bleiben deren Vitamine erhalten.

GEFLÜGEL

Die Garprobe macht man bei Geflügel, indem man mit einer Stricknadel leicht in die Keule sticht. Tritt kein blutiger Fleischsaft mehr aus, ist das Geflügel gar.

GEFRIERDOSEN

sollten immer gut mit Inhalt und Datum beschriftet werden – damit es nicht zu Verwechslungen kommt und älteres Gefriergut zuerst verarbeitet wird.

GEFRIERGUT

☞ darf nach dem Auftauen nicht wieder eingefroren werden.

☞ in flüssiger Form darf immer nur zu drei Vierteln in den Behälter gefüllt werden, da es sich beim Einfrieren ausdehnt.

HAXEN

lassen sich auch etwas fettärmer zubereiten, wenn man sie zunächst ca. 1 Stunde in einem Sud mit Suppengemüse und Zwiebel kocht. Würze erhält dieser etwa durch 1 Lorbeerblatt und schwarze Pfefferkörner. Danach die Haxe dann wie gewohnt grillen, so bekommen sie auch noch eine schöne Kruste.

HEFETEIG

☞ sollte nicht länger als 5 Minuten geknetet werden. Danach gerinnt das Klebereiweiß und der Kuchen wird trocken und hart.

☞ gerät bekömmlicher durch die Zugabe von etwas geriebenen Ingwer.

HONIG

der trüb geworden ist und in dem sich Kristalle gebildet haben, wird wieder klar, wenn man das Honigglas einige Zeit in heißes Wasser stellt.

KAFFEE

☞ niemals erneut erhitzen, denn dann wird er bitter.

☞ Kalt gewordenen Kaffee zu Eiskugeln verarbeiten. Gefroren sind sie köstlich in vielen Milchmixgetränken.

KAFFEEFILTER

lassen sich durch Küchenpapier ersetzen, wenn diese einmal nicht zur Hand sind.

KNETHAKEN

Wenn man Knethaken vor der Teigverarbeitung einfettet, bleibt der Teig nicht an ihnen kleben.

KOCHPLATTEN

sollten im Umfang mit der Topfgröße zusammenpassen. Ist der Topf kleiner als die Herdplatte, wird Energie verschwendet. Ist der Topf größer als die Herdplatte, kann sich mit der Zeit der Topfboden in der Mitte hochwölben, wodurch die Wärmeleitung verloren geht und auch dadurch Energieverlust entsteht.

KONSERVENDOSEN

mit gewölbten Deckel nicht öffnen, dies ist ein Zeichen dafür, dass der Inhalt nicht mehr in Ordnung ist.

KRISTALLGLAS

niemals in der Spülmaschine reinigen, da das Glas ansonsten stumpf und unschön wird.

KUCHEN

Ob ein Kuchen gar ist, kann man ganz einfach dadurch testen, dass man mit einem Holzstäbchen in die höchste Stelle des Kuchens sticht. Bleibt noch Teig daran hängen, ist er noch nicht gar.

MARMELADENGLÄSER

☞ kann man vor dem Zerspringen schützen, wenn man diese vor dem Einfüllen der heißen Marmelade auf ein feuchtes Tuch stellt.

☞ Man kann sie aber auch im Backofen erwärmen, um die Temperatur etwas auszugleichen.

RÜHRSCHÜSSELN

ohne Gummirand am Schüsselboden, stehen beim Rühren fest, wenn man sie auf ein feuchtes Küchenhandtuch stellt.

RÜHRTEIG

geht nicht über, wenn man einige Makkaroni in den Teig steckt. Nicht vergessen, diese nach dem Backen zu entfernen.

SAURE MILCH

kann man abtropfen lassen und in einem sauberen Tuch auspressen – dann kann man sie als Quark noch wunderbar genießen.

SILBERBESTECK

☞ läuft in der Schublade nicht an, wenn man ein Stück Kampfer dazulegt.

☞ wird wieder schön glänzend, wenn man es für einige Zeit in saure Milch einlegt.

SILBERSCHALEN

niemals mit Salzgebäck befüllen. Das Salz greift das Silber an und bildet Flecken.

SUPPENREGEL

Soll das Fleisch besonders gut werden, gibt man es in kochendes Wasser. Soll hingegen die Brühe besonders gut werden, setzt man das Fleisch in kaltem Wasser auf.

TEESIEBE

sollten aus Porzellan sein, da Metallsiebe den Geschmack mancher Teesorten verderben können.

TEIGE

werden besonders luftig, wenn man zum Backpulver 1 TL Essig gibt und erst dieses Gemisch dann unter das Mehl.

VERSALZEN

Ist einmal zu viel Salz in den Topf „gerutscht", kann man entweder etwas Wasser oder Milch zur Verdünnung zugeben oder aber mit Süßem wie Zucker oder Honig gegensteuern. Auch hat sich es bewährt, eine Kartoffel mitzukochen.

WARME SPEISEN

nicht in den Kühlschrank stellen, denn dies erhöht den Energieverbrauch beträchtlich.

WASSERBAD

Dabei sollte der zweite Topf nicht im Wasser sitzen, sondern nur über dem Wasser hängen. Das heiße Wasser kann ansonsten zum Anbrennen von Schokolade, Eiern etc. führen.

WEIZENMEHL

sollte vor der Verarbeitung immer gesiebt werden. So wird das Gebäck lockerer.

ZITRONENSAFT

ist ein wahres Wundermittel zur Reinigung der Hände von intensiven Flecken wie von Beeren oder Karotten, aber auch zur Beseitigung von lästigen Gerüchen etwa nach der Verarbeitung von Sellerie oder Zwiebel.

Was hilft gegen Ungeziefer und Schädlinge im Haus und an Haustieren?

Was hilft gegen Ungeziefer und Schädlinge im Haus und an Haustieren?

Wer hat schon gerne „Besuch“ von Ungeziefer im Haus? Manche Hausfrau ist schon wegen einer Maus, die sich ins Haus verirrt hat, auf den Tisch gesprungen. Aber müssen deshalb chemische „Keulen“ eingesetzt werden? Auch in diesem Fall sind natürliche Hausmittel anwendbar, die die unliebsamen Gäste vertreiben.

Wenn beispielsweise an sich unschädliche Ameisen in zu großer Anzahl vorkommen, werden sie für unsere Gartenkulturen nachteilig, weil sie Blattschädlinge vor Marienkäfern, Florfliegen und Schwebfliegenlarven schützen. Blattläuse stehen unter besonderem Schutz von Ameisen, da sie Honigtau produzieren, der den Ameisen als Nahrung dient.

Vor allem in der Küche ist Ungeziefer ein Ärgernis, da zum Beispiel Fliegen, Mehlmilben und Lebensmittelmotten unsere Nahrungsmittel befallen und diese ungenießbar machen – ganz abgesehen davon, dass so manchem beim Erblicken dieser Tierchen der Appetit erst einmal gründlich vergeht.

Und auch unsere vierbeinigen oder gefiederten Lieblinge brauchen nicht nur einen warmen Platz und ausreichend Futter, sondern Schutz vor und gegen Ungeziefer. Denn auch Hund, Katze und Vogel sind nicht vor Flöhen, Zecken und anderem Getier gefeit. Doch auch um unsere Haustiere von den Krabbeltieren zu befreien, gibt es einfache und wirksame Methoden, die sich über Generationen bewährt haben.

AMEISEN

☞ im Garten sind zwar keine Schädlinge, wenn sie allerdings überhandnehmen, werden sie recht lästig und können sogar ins Haus eindringen. Zur Vertreibung der Tiere kann man Pulver von Zimt und anderen stark riechenden Gewürzkräutern um die Ameisenlöcher streuen.

☞ Frische Hefe mit Honig verrühren. Diese Mischung wird von den Ameisen an die Brut verfüttert, die dann daran zugrunde geht.

FLIEGEN

☞ lassen sich von Lebensmitteln fernhalten, indem man einige Zwiebelscheiben auf die offen liegenden Lebensmittel legt.

☞ Auch durch Rizinuspflanzen, die am Fenster stehen, lassen sich Fliegen wie auch Mücken abwehren.

HOLZWÜRMER

☞ kann man gut einfangen, wenn man Eicheln in die Nähe der Bohrlöcher legt. Der Geruch zieht den Holzwurm an.

☞ Oder man pinselt die Bohrlöcher mit Terpentin, Karbolsäure oder Benzin ein.

KELLERASSELN

können mit einer Flasche, die mit 1 TL Weingeist gefüllt und auf den Boden gelegt wird, gefangen werden. Die Kellerasseln kriechen in die Flasche und können so leicht entfernt werden.

LEBENSMITTELMOTTEN

können vermieden werden, wenn man angebrochene Lebensmittel (Müsli, Nudeln, Nüsse, Hülsenfrüchte etc.) immer in verschließbaren Dosen, Gläsern und Flaschen aufbewahrt.

MÄUSE

☞ hält man aus dem Garten, wenn man Zwiebeln darin pflanzt. Vorhandene Mäuse vertreibt man mit zu Pulver zerstoßenen Oleanderblättern, die man mit Sand vermischt und in die Mäuselöcher streut.

☞ Hilfreich ist auch, wenn man Pfefferminze oder wilde Kamille auslegt.

MEHLMILBEN

☞ Sobald Mehl mit Feuchtigkeit (z.B. in der Nähe der Kochstelle) in Berührung kommt, können sich darin Mehlmilben entwickeln. Um das zu verhindern, sollte das Mehl in einem luftdichten Gefäß und wie alle getrockneten Kräuter nicht in der Nähe der Kochstelle aufbewahrt werden. Wer möchte, kann ein Lorbeerblatt dazugeben.

☞ Milben verschwinden, wenn man in das Mehl vom Laub befreite und getrocknete Ahornzweige gibt.

MILBEN

kommen in jedem Haushalt vor. Sie finden sich in Bettlaken, Kleidung und auch an Kinderspielsachen aus Stoff. Bei Kindern mit einer Milbenallergie kann es helfen, die Teddys in eine Plastiktüte zu wickeln und einzufrieren. Die Milben werden auf diese Weise abgetötet.

MOTTEN

☞ in Wäsche und Kleidungsstücken kann man mit Blättern und Blütenstängeln der Lavendelpflanze vertreiben. Dazu die Pflanzenteile in kleine Leinensäckchen füllen und diese im Kleiderschrank auslegen.

☞ Den Teppich kann man vor Mottenbefall schützen, indem man Zeitungen unter den Teppich legt, denn Motten mögen keine Druckerschwärze.

MÜCKEN UND SCHNAKEN

kann man vernichten, indem man Honig mit etwas Wein verrührt und eine Glaslaterne damit bestreicht. In diese Laterne stellt man ein brennendes Licht (Teelicht). Die Fenster müssen geschlossen werden (damit nicht noch mehr Störenfriede ins Zimmer fliegen). Die Ungeziefer werden vom Licht angezogen und bleiben an der klebrigen Masse hängen.

SILBERFISCHCHEN

☞ lassen sich bekämpfen, indem man Schalen mit Zitronen- bzw. Lavendelzusätzen in den betroffenen Räumen aufstellt oder

☞ indem man eine aufgeschnittene Kartoffel auf den Boden stellt, um die Silberfischchen anzulocken oder

☞ indem man eine Zucker-Backpulver-Mischung in die von Silberfischchen befallenen Ritzen streut oder

☞ indem man die regen Störenfriede mit einem feuchten und mit Gips bestreuten Baumwolltuch anlockt, um sie zu bekämpfen oder

☞ indem man Salmiak-Wasser-Schalen aufstellt, welche die Silberfischchen ebenfalls vertreiben.

TAUBEN

an Haus und Garten lassen sich ganz einfach durch Aufstellen von Vogelattrappen (Greifvögel, Eulen und vor allem Raben) vertreiben.

DARMWÜRMER

bei Hunden kann man mit Essig anstelle von chemischen Wurmmitteln loswerden. Hierzu dem Trinkwasser 1 Woche lang 1–2 EL Essig beifügen.

FLÖHE

☞ Wenn Hund oder Katze von Flöhen heimgesucht wurden und sich trotz Flohhalsband ständig kratzen, kann man mit Lavendel Abhilfe schaffen. Hierzu das Fell der Tiere beim Bürsten mit einigen Tropfen Lavendelöl beträufeln. Flöhe werden durch den Duft von Lavendel vertrieben.

☞ Für die Floh-Prophylaxe sorgt ein kleines, mit getrockneten Pfefferminzblättern gefülltes Stoffsäckchen. Legt man dieses Säckchen in das Hundekörbchen, hält es Flöhe davon ab, sich dort einzunisten.

PARASITEN

Zur Vorbeugung von Parasitenbefall kann Bierhefe helfen. Dazu mehrmals wöchentlich ein kleines Stück Bierhefe an den Hund verfüttern. Das sorgt außerdem für glänzendes Fell und gesunde Haut.

VOGELMILBEN

an Papagei, Kanarienvogel oder Wellensittich lassen sich beseitigen, indem man an die Käfigrückwand ein dickes weißes Tuch hängt. Die Milben gehen dorthin und können so leicht vernichtet werden.

ZECKEN

sollten mit einer Pinzette oder speziellen Zeckenzange (in der Apotheke erhältlich) entfernt werden. Dazu die Pinzette so nah wie möglich an die Haut von Hund oder Katze ansetzen und den unerwünschten Parasiten herausziehen. Dabei sollte keine Drehbewegung erfolgen und der Zeckenleib darf nicht zerquetscht werden. Die Einstichstelle sollte danach desinfiziert werden. Die Anwendung von Ölen oder Klebstoffen zur Entfernung von Zecken sind zwar alte Hausmittel, doch sind diese überholt. Denn heute ist bekannt, dass die Zecken durch den mit diesen Mitteln verursachten langen Todeskampf vermehrt Krankheitserreger in die Wunde abgeben.

Wie kann man schadstoffarm und umweltschonend das Haus sauber halten?

Schon immer war es eine der wichtigsten Aufgaben der Hausfrau, das Heim sauber und rein zu halten. Chemische Reinigungsmittel sind dazu allerdings weitestgehend unnötig.

Beim Putzen und Waschen können viele Hausmittel gute Dienste leisten. Sie sind schonende und oftmals deutlich günstigere Alternativen zu dem nicht enden wollenden Angebot von Putzmitteln in den Einkaufsregalen. Zum Hausputz braucht es keine Putzmittelparade oder kostspieligen Spezialprodukte. Stattdessen lohnt sich ein Blick in den Vorratsschrank! Natürliche Produkte wie Salz, Backpulver, Essig und Zitronensaft sind sehr effektive Reinigungsmittel, mit denen sich die Flecken- und Schimmelentfernung ohne viel Mühe erreichen lässt – außerdem sorgen einige dieser Mittel für einen schönen und frischen Duft im Haus.

Doch das gilt nicht nur für das Reinigen des Hauses, sondern vor allem auch für die Pflege von Kleidern, Strumpfhosen, Bildern, Möbeln und Teppichen: Mit einfachen Mitteln erreicht man deren lange Haltbarkeit und sorgt für ihr schönes Aussehen.

ARMATUREN

behalten ihren Glanz (oder werden wieder glänzend), wenn man diese mit einem in Petroleum getauchten Tuch putzt.

AUTOÖLFLECKEN

lassen sich mit Reinigungsbenzin entfernen.

BACKOFENREINIGUNG

☞ kann man erleichtern, indem man ein feuchtes Tuch in Natron taucht und damit die Verschmutzungen bearbeitet oder

☞ indem man Übergekochtes sofort mit Salz bestreut. So brennt die Speise nicht ein. Nach dem Garen kann man das Salz einfach wegwischen. Dieser Trick hilft auch bei Kochplatten.

BAMBUS

Möbel aus diesem natürlichen Material oder Rattanmöbel reinigt man am besten mit einem in Petroleum getauchten Lappen.

BERNSTEIN

Gegenstände aus diesem „Ostseegold", wie Ketten oder andere Schmuckstücke, reinigt man am besten in einer Kernseifenlauge. Anschließend mit kaltem Wasser abspülen und mit einem weichen Tuch trocken reiben.

BIERGLÄSER

nur mit klarem Wasser auswaschen, Spülmittel verhindert die Schaumbildung.

BRANDFLECKEN

in Textilien kann man bei leichter Verschmutzung mit kaltem Wasser entfernen. Stärkere Brandflecke behandelt man mit Salz. Das Kleidungsstück muss anschließend für einige Stunden in die Sonne gelegt werden.

BRILLENGLÄSER

beschlagen nicht mehr, wenn man diese sehr dünn mit Kernseife einreibt.

BROTGEFÄSSE

sollten jede Woche einmal mit Essigwasser ausgewaschen werden. So kann man Lebensmittelmotten verhindern.

BÜGELEISEN

Nicht beschichtete Bügeleisen werden wieder glatt, wenn man mit diesen über ein Stück Alufolie fährt.

BÜGELWÄSCHE

Große Bettlaken, Tischtücher etc. am besten bereits einen Tag vor dem Bügeln mit warmem Wasser einsprengen und in eine Plastiktüte verpacken.

EIERFLECKEN

Mit angefeuchtetem Salz lassen sich Eierflecken an Silberbesteck gut entfernen. Anschließend das Salz gut abspülen.

ENTFÄRBEN

Sollten sich beim Waschen farbunechte Textilien verfärbt haben, kann man diese „retten", indem man sie in frische Milch einlegt. Man lässt sie so lange darin liegen, bis die Milch sauer oder dick geworden ist. Anschließend gründlich mit sauberem kaltem Wasser ausspülen.

FARBECHTHEIT

von Textilien kann man prüfen, indem man den Innensaum oder den Stoff an der Innennaht mit einer kräftigen Seifenlauge nässt und zwischen Krepppapier (oder in einem weißen Tuch) ausdrückt. Färbt sich das Papier, ist der Stoff nicht farbecht.

FEINSTRUMPFHOSEN

und Strümpfe gehen nicht so schnell kaputt, wenn man beim Waschen in den letzten Spülgang 1 Stück Zucker gibt.

FENSTERSCHEIBEN

☞ lassen sich gut mit einer Lösung aus Wasser, Glycerin und Spiritus putzen. Außerdem beschlagen sie dann nicht.

☞ sollten immer mit kaltem Wasser geputzt werden und nie bei Sonnenschein. Denn dabei trocknen die Scheiben zu schnell und es bilden sich Streifen und Schlieren.

FETTFLECKEN

auf der Tapete entfernt man, indem man Löschpapier auf den Fleck legt und mit einem warmen Bügeleisen darüberfährt.

FEUCHTIGKEIT

in Schränken und Kommoden verschwindet schnell, wenn man ein Säckchen mit Kampfer hineinlegt.

FLEISCHWOLF

Um die Fleischreste einfach aus dem Fleischwolf zu entfernen, lässt man ein oder zwei Scheiben trockenes Brot durchlaufen.

FRUCHTSAFTFLECKEN

auf Textilien kann man sehr gut entfernen, wenn man das betreffende Wäschestück 1 Stunde in Milch einweicht. Anschließend wie gewohnt waschen.

GARDINEN

Sind Gardinen mit der Zeit grau geworden (z. B. durch Zigarettenrauch), legt man sie vor dem eigentlichen Waschvorgang über Nacht in Salzwasser ein.

GEFRIERDOSEN

werden wieder schön weiß, wenn man diese mit Backpulver bestreut und in die Sonne stellt.

GLÄNZENDE SITZSTELLEN IN KLEIDUNGSSTÜCKEN

können entfernt werden, indem man diese mit Essigwasser einreibt.

HARZFLECKEN

entfernt man durch Betupfen mit Terpentin.

KACHELN

etwa im Bad werden wieder sauber und glänzend, wenn man sie mit Magermilch abreibt und anschließend poliert.

KAFFEEMÜHLEN

Zur Reinigung von Kaffeemühlen sollte man gelegentlich das lose Kaffeepulver mit einem Pinsel entfernen. Das Mahlwerk wird wieder sauber, wenn man einige Reiskörner mahlt, denn die Körner lösen das Öl der Kaffeebohnen, das sich in der Mühle abgesetzt hat.

KALKABLAGERUNGEN

☞ an Wasserhähnen lassen sich entfernen, indem man das Siebchen abschraubt und es über Nacht in heißen Essig legt.

☞ in der Waschmaschine kann man lösen, indem man 4 l Essig in die Trommel gibt und einfach den Hauptwaschgang laufen lässt.

KAUGUMMIFLECKEN

lassen sich aus Kleidungsstücken entfernen, wenn man diese in eine Plastiktüte steckt und im Gefrierfach kühlen lässt. Der Kaugummi lässt sich anschließend leicht entfernen. Entstandene Flecken mit Seifenwasser und Soda auswaschen.

KNÖPFE

werden haltbarer aufgenäht, wenn man zwischen Kleidungsstück und Knopf ein kleines Stoffstück mit annäht. Das hat außerdem den Vorteil, dass das Kleidungsstück, sollte der Knopf durch Anspannung abfallen, kein Loch bekommt.

KOCHLÖFFEL

und Holzbrettchen werden wieder schön, wenn man diese hauchdünn mit herkömmlichem Sonnenblumenöl einreibt. Anschließend einfach trocknen lassen.

KOCHWÄSCHE

wird beim Waschen besonders weiß, wenn man Zitronen- oder Eierschalen in einen Leinenbeutel gibt und mit in die Trommel legt.

KUGELSCHREIBERFLECKEN

lassen sich entfernen, indem man diese mit etwas Spiritus betupft. Das Ganze muss nun kurz einwirken und anschließend wie gewohnt gewaschen werden.

KUPFERSTICHE

Verlieren Kupferstiche ihren Glanz, werden sie wieder schön, wenn man sie zwischen Briefpapier legt und bei mittlerer Hitze darüberbügelt.

LACKLEDERSCHUHE

☞ werden wieder wie neu, wenn man diese mit Vaseline einreibt und danach mit einem weichen Tuch poliert.

☞ sollte man bei niedrigen Außentemperaturen zuerst anwärmen, bevor man nach draußen geht. Das Leder bricht dann nicht so schnell.

MARMOR

auf Böden oder andere Gegenstände aus diesem edlen Material werden wieder schön glänzend, wenn man den Marmor mit einer Mischung aus Scheuersand und Zitronensaft abreibt und diese Mischung anschließend mit Wasser auf- bzw. abwischt.

MOHAIR

Kleidungsstücke aus diesem weichen Material wie Pullover, Strickjacken etc. werden wieder flauschig, wenn man diese in einer Plastiktüte über Nacht in das Gefrierfach legt.

OBSTFLECKEN

kann man entfernen, indem man Essigwasser oder Zitronensaft draufgibt und den Fleck anschließend mit lauwarmem Seifenwasser auswischt.

PARFÜMFLECKEN

kann man mit verdünntem Salmiakgeist entfernen. Vorsicht allerdings bei Acetatstoffen – Parfüm sollte grundsätzlich nicht mit diesem Stoff in Verbindung kommen, da Parfümflecken auf Acetat nicht zu entfernen sind.

PELZE

☞ Nasse Pelze nicht an der Heizung trocknen lassen, sie werden sonst brüchig und hart. Den Pelz an einem warmen Ort langsam trocknen lassen und ausbürsten.

☞ Gegen Mottenbefall kann der Pelz geschützt werden, indem man Pfefferkörner in das Fell streut.

POLSTERMÖBEL

Ältere Polster bekommen wieder eine schöne Farbe, wenn man sie mit mildem Essigwasser abreibt.

REISKOCHWASSER

nicht weggießen, denn es ist eine hervorragende Textilstärke, z. B. für Gardinen. Nach dem Waschvorgang legt man die entsprechenden Textilien in das Reiskochwasser ein und hängt sie anschließend tropfnass auf. Wie immer beim Stärken von Wäsche nur bei mäßiger Temperatur bügeln.

REISSVERSCHLÜSSE

☞ vor dem Waschen immer schließen. So lassen sie sich immer leicht auf- und zumachen.

☞ Klemmende Reißverschlüsse mit etwas Seife einreiben.

RÖMERTOPF

nie mit Spülmittel reinigen, sondern nur mit heißem Wasser säubern. Denn Spülmittel zerstören den porösen Tontopf und machen die Speisen ungenießbar.

SCHUHE

kann man „erfrischen". Sind diese nicht mehr so schön und riechen innen etwas, kann man sie von Zeit zu Zeit mit einem in Salmiakgeist getauchten Wattebausch abreiben.

SILBERBESTECK

Ist das gute Silber angelaufen, kann man es wieder zum Glänzen bringen, indem man es zusammen mit einer Alufolie und 1 EL Salz in kochendes Wasser legt. Dabei müssen die Silberteile Kontakt zur Alufolie haben.

SPINATFLECKEN

kann man entfernen, indem man rohe Kartoffelscheiben darüberreibt und anschließend mit Seifenlauge auswäscht.

STOCKFLECKEN

in der Wäsche reibt man mit Salz und Salmiak ein und spült die Wäsche in Wasser aus.

TEEFLECKEN

am Geschirr lassen sich mit einer Mischung aus 3 EL Essig und 2 EL Salz abreiben.

TEPPICHFLECKEN

☞ Dunkle Teppiche lassen sich sehr gut mit abgekochten Teeblättern reinigen.

☞ Hellere Teppiche befreit man mit frischer Milch von unerwünschten Flecken. Dazu die Flecken mit der frischen Milch anfeuchten und nach einer Weile mit einem Wattebausch abtupfen. Evtl. mit einem reinen Seifensud nachtupfen.

TINTENFLECKEN

☞ in Büchern kann man mit einer Mischung aus Alaun und Pomeranzensaft entfernen. Dazu die Mischung auf die betreffenden Stellen auftragen, trocknen lassen und danach abbürsten.

☞ in Wäsche- und Kleidungsstücken kann man entfernen, indem man diese in Buttermilch, Essig oder Zitronensaft einweicht. Danach gut auswaschen.

TRINKGLÄSER

können trüb werden. Wieder klar werden sie, wenn man sie mit warmem Salzwasser reinigt und mit einem Leinentuch poliert.

URINFLECKEN

von Welpen oder kleinen Katzen auf Teppichen mit kohlesäurehaltigem Wasser auswaschen. So bleiben weder Gerüche noch Ränder zurück.

VERGOLDETE BILDERRAHMEN

glänzen wieder, wenn man diese mit Zwiebelschalen einreibt.

WACHSFLECKEN

in Wäsche oder auf Kleidungsstücken entfernt man, indem man auf das Wachs Toiletten- oder Haushaltspapier legt und mit dem Bügeleisen einige Male darüberfährt. Abschließend (falls nötig) etwas Reinigungsbenzin verwenden.

WASCHMASCHINE

Damit das Einspülsystem der Waschmaschine sauber bleibt, empfiehlt es sich, das Waschpulver direkt in der Wäschetrommel über die Wäsche zu verteilen.

WEINFLECKEN

☞ Rotweinflecken lassen sich mit Weißwein entfernen. Den Rotweinfleck mit Weißwein befeuchten, dann den Fleck mit einem Schwamm abreiben. Anschließend das entsprechende Wäschestück wie gewohnt waschen.

☞ Rotweinflecken auf weißen Baumwolltischdecken kann man am besten mit Milch entfernen. Dazu heiße Milch über den Fleck gießen, kräftig einreiben und mit Wasser ausspülen. Anschließend wie gewohnt waschen.

WILDLEDER

Kleine Flecken auf Wildleder (Jacken, Mäntel, Handschuhe, Schuhe etc.) lassen sich leicht mit einem Radiergummi entfernen.

ABBEIZEN

von kleineren Flächen kann man mit Salmiakgeist sehr gut bewerkstelligen. Dazu den Salmiakgeist mit einer kleinen Bürste auf die betreffenden Stellen auftragen.

ALTE ZAHNBÜRSTEN

nicht wegwerfen. Sie eignen sich noch hervorragend zum Reinigen von Schmuckstücken, Fliesenfugen und kleinen Ritzen.

BILDER

Hängen Bilder schief an der Wand, kann man diese aufrichten, indem man sie an einer Ecke mit etwas doppelseitigem Klebeband an der Wand fixiert.

GARN EINFÄDELN

gelingt einfach und schnell, wenn man dazu eine Pinzette zu Hilfe nimmt.

HEIZKÖRPER

Die Wärme von Heizkörpern wird besser ausgenutzt, wenn man an die Wand hinter einem Heizkörper Alufolie klebt und sie wie gewohnt übertapeziert.

HOLZSTUFEN

knarren nicht, wenn man die entsprechende Stufe mit Schmierseifenlauge einreibt.

KERZEN

☞ tropfen nicht, wenn man diese vor dem Anzünden über Nacht in Salzwasser (stark gesalzen) legt – das gilt im Übrigen auch für Christbaumkerzen.

☞ brennen länger, wenn man sie für einige Stunden ins Gefrierfach legt.

KLEMMENDE TÜRSCHARNIERE

nur mit Motorenöl einölen. Pflanzenöle verkleben die Scharniere.

KNETGUMMI

bleibt weich und geschmeidig, wenn man die Reste, die nach dem Basteln übrig bleiben, in Gläser mit Schraubdeckel füllt.

KORKEN

kann man wieder verwenden, wenn man sie in heißem Wasser einige Zeit liegen lässt. Sie ziehen sich zusammen und passen dann wieder in den schlanken Flaschenhals.

LEDERTÜCHER

bleiben schön weich, wenn man diese nach dem Putzen in Salzwasser auswäscht, gut auswringt und zum Trocknen aufhängt.

MAHAGONIMÖBEL

werden von Kratzern befreit, indem man einen Wattebausch mit etwas Jodtinktur befeuchtet und damit über den Kratzer fährt. Überschüssiges Jod abwischen.

MESSERSCHLEIFEN

geht ganz einfach, wenn man es mehrfach (von beiden Seiten) über den rauen Ring auf dem Boden eines Porzellantellers zieht.

NÄGEL

einschlagen, ohne dabei die Tapete zu beschädigen, kann man, wenn man die Tapete zuvor vorsichtig mit einem spitzen Messer kreuzweise einschneidet.

NÄHNADELN

von Nähmaschinen gehen nicht so schnell kaputt, wenn man sie hin und wieder mit Kernseife abreibt.

REGENSCHIRME

zum Trocknen nicht vollständig, sondern nur etwas aufspannen. Der vollständig gespannte Stoff kann mit der Zeit brüchig werden und reißen.

SCHLÜSSEL

Lassen sich Schlüssel schlecht drehen und klemmen sie, sollte man sie mit etwas Seife einreiben.

SCHNITTMUSTER

zum Zuschnitt mit Klebestreifen einfach auf den Stoff kleben. So kann nichts verrutschen.

SCHUHE

Drückende Schuhe kann man etwas weiten, indem man feuchte Wollsocken über die Füße zieht und dann in den engen Schuhen (natürlich in der Wohnung) hin und her läuft.

STRICKNADELN

rutschen nicht von den Maschen, wenn man auf die Spitzen Flaschenkorken spießt.

WACHSRESTE

auf Kerzenständern kann man entfernen, wenn man diese in die Gefriertruhe legt. Dann kann man die Wachsreste einfach abnehmen.

WERKZEUG

kann man vor dem Rosten bewahren, indem man ein Stück Kohle in den Werkzeugkasten legt.

WOLLDECKEN

bleiben wunderbar weich, wenn man sie über Nacht in Milch legt und mit Wasser gut ausspült.

WOLLE

☞ Trennt man alte Pullis auf, wird die Wolle wieder glatt, wenn man sie über Nacht über einen mit heißem Wasser gefüllten Warmbeutel wickelt.

☞ Wollsachen verfilzen nicht so leicht, wenn man unter das Waschwasser einen Schuss Glycerin rührt.

AUSGUSS

☞ Unangenehmen Geruch aus dem Ausguss kann man entfernen, indem man von Zeit zu Zeit ein Stück Soda in den Ausguss gibt.

☞ Wenn der Ausguss verstopft ist: Noch heißes Kartoffelwasser nicht wegschütten, sondern in den Abfluss schütten. Es reinigt umweltfreundlich und effektiv.

☞ Verstopfte Abflussrohre kann man auch mit Soda wieder freibekommen. Das Soda in den Abfluss gießen und sofort kochendes Wasser für einige Minuten nachlaufen lassen.

ESSGERUCH AN GESCHIRR

Haftet an Geschirr oder Besteck Essgeruch, fügt man dem Spülwasser frisch gepressten Zitronensaft zu. Eine weitere Möglichkeit ist, das betreffende Geschirr mit Kaffeesatz abzuwaschen.

FISCHGERUCH

☞ verschwindet, wenn man den Fisch anstelle von Wasser mit Essig abwäscht.

☞ an den Händen kann man entfernen, indem man die Hände mit frischem Zitronensaft abreibt.

☞ in der Küche kann gemildert werden, wenn man gleichzeitig einen zweiten Topf mit Zimtwasser kocht.

FLIESEN, WASCHBECKEN UND BADEWANNEN

werden wieder kalkfrei, wenn man diese mit einer Mixtur aus Terpentin und Salz einreibt. Nach einigen Minuten mit warmem Wasser abspülen.

FUGEN

werden wieder schön sauber, wenn man eine breiige Masse aus Wasser und Backpulver anrührt und diese auf die Zwischenräume der Fliesen aufträgt. Nach 30 Minuten das Ganze mit einem Schwamm wieder abtragen und mit Wasser nachspülen.

GOLDSCHMUCK

glänzt wieder, wenn man diesen mit einer frischen, aufgeschnittenen Zwiebel abreibt, 20 Minuten ziehen lässt und anschließend trocken reibt.

HAMMELFLEISCHGERUCH

Um diesen Geruch zu vermeiden, sollte vor der Zubereitung von Hammelfleisch sämtliches Fett vom Fleisch abgeschnitten werden. Dann das Fleisch in Buttermilch über Nacht einlegen und wie gewohnt zubereiten.

ÖLFARBENGERUCH

verschwindet, wenn man eine Schüssel mit Essig und einer aufgeschnittenen Zwiebel aufstellt.

SCHIMMEL

- ☞ an Lebensmitteln macht diese ungenießbar, deshalb sollten diese Nahrungsmittel immer weggeworfen werden.
- ☞ an Duschvorhängen kann man entfernen – und verhindern –, wenn man diese über Nacht in Salzwasser legt.
- ☞ auf Leder kann man mit einer Mischung aus Wasser und Spiritus (1:1), aufgetragen mit einem Schwamm, entfernen.
- ☞ in Teekannen kann vorkommen, weil man diese für ein besseres Aroma nicht auswaschen soll. Zur Vermeidung von Schimmel sollte man immer einen Zuckerwürfel in die Teekanne geben.

SCHWEISSGERUCH

in Turnschuhen etwa kann man beseitigen, indem man die Sohle in den Schuhen mit Backpulver bestreut und über Nacht stehen lässt. Die Schuhe morgens einfach ausklopfen.

THERMOSKANNEN

kann man mit Backpulver reinigen. Dazu Backpulver in warmem Wasser auflösen, in die Kanne füllen und einige Zeit stehen lassen. Anschließend ausgießen und klar nachspülen.

TOILETTEN

☞ lassen sich hervorragend mit Backpulver reinigen. Einfach einen oder zwei Beutel Backpulver in der Toilette ausstreuen, kurz einwirken lassen und abspülen.

☞ Gegen Urin- und Kalkflecken in der Toilette hilft Essigwasser.

ZIGARETTENGERUCH

auf Polstermöbeln und Teppichen kann man mildern, wenn man diese mit einer Bürste und Essigwasser (1:1) abreibt.

Tipps und Tricks für Garten- und Zimmerpflanzen

Die Pflege und Hege von Pflanzen, egal ob im Garten oder auf der Fensterbank, macht vielen Menschen Freude und Spaß. Während das Pflanzen neuer Stauden für viele zu den liebsten Gartenarbeiten zählt, ist das Unkrautjäten oder die bisweilen auch anfallende Bekämpfung von Schädlingen und Krankheiten der Pflanzen weniger beliebt. Dennoch sind diese Arbeiten notwendig und mit einfachen, natürlichen Mitteln umzusetzen. Chemische Düngemittel sind vollkommen überflüssig, wenn man Eierschalen und Teeblätter zur Hand hat.

Nicht jeder von uns ist ein Hobbygärtner und nicht jeder hat den sogenannten „grünen Daumen". Blühende Pflanzen auf der Fensterbank sind schön anzusehen, sorgen außerdem für ein gutes Raumklima und machen uns bei guter Pflege über Jahre Freude. Es gibt sogar Menschen, die mit ihren Pflanzen reden, was zur Folge haben soll, dass diese wachsen und gedeihen. Wenn Sie das für Unsinn halten, bitte schön, das ist jedem selbst überlassen. Aber bestimmte Grundregeln, wie gießen, düngen, befeuchten und reinigen, müssen einfach eingehalten werden, damit Pflanzen gesund bleiben und immer wieder neu austreiben.

Der Befall von Garten- oder Zimmerpflanzen durch Ungeziefer und Pilze ist unschön und – wenn man nicht rechtzeitig eingreift – meist das Ende von Nutz- und Zierpflanze. Aber auch hier sind chemische „Keulen" nicht nötig. Einfache Seifenlaugen, Tabak und viele andere Mittel können Ihnen dabei helfen, Ihre Pflanzen zu schützen.

ABGEBLÜHTE GEHÖLZE

wie z. B. Flieder sollten gleich nach der Blüte zurückgeschnitten werden.

ADVENTSKRANZ

und Weihnachtsgestecke nadeln nicht so schnell, wenn man sie frisch mit Haarspray oder farblosem Lack einsprüht.

ALPENVEILCHEN

blühen lange und kräftig, wenn sie nur von unten gewässert werden.

APFEL- UND BIRNBÄUME

Zu dicht gewordene Apfel- und Birnbäume sollten im Frühjahr ausgelichtet werden. Wichtig dabei ist es, eine ganze Astpartie zu entfernen anstelle von Zweigen mittlerer Stärke. Ansonsten müsste man zu viele Schnittstellen behandeln.

BASILIKUM

wächst besser, wenn es gleich nach dem Kauf in einen größeren Topf umgepflanzt wird. Damit die Pflanze gut wächst und um möglichst viel vom Basilikum zu ernten, sollten die Blütendolden regelmäßig abgeknipst werden.

BLATTGEMÜSE

erntet man am besten am Abend, Knollen und Wurzeln dagegen besser am frühen Morgen.

BLUMENERDE

schimmelt nicht, wenn man etwas Sand auf die Erde streut.

DILL

verträgt sich im Gemüsebeet sehr gut mit Erbsen, Gurken, Kopfsalat, Kohl, Möhren, Feldsalat und Zwiebeln.

DÜNGER

☞ Bananenschalen nicht wegwerfen. In kleine Stücke schneiden und rund um den Rosenstock in die Erde geben. Das ist ein sehr guter Langzeitdünger.

☞ Eierwasser nicht weggießen. Das Wasser ist aufgrund seiner vielen Mineralien Balsam für Topfpflanzen.

☞ Eierschale ist ein hervorragender Dünger. Die Schalen von frischen Eiern in eine Plastiktüte füllen und mit einem Nudelholz zerkleinern. Pro Topfblume 1 EL unter die Blumenerde mischen. Dieser organische Dünger pflegt die Pflanzen bis zu 4 Wochen.

☞ Übrig gebliebene Teeblätter sind ein guter Dünger für Zimmerpflanzen.

☞ Einen Würfel Backhefe in einer Gießkanne mit etwa 8–10 l Wasser auflösen und damit die Topfpflanzen gießen, auch das gibt den Pflanzen Schwung.

ERDBEEREN

Beim Pflanzen von Erdbeeren legt man Stroh zwischen die Pflanzen – die Früchte bleiben sauber und Schnecken werden abgewehrt.

FARN

☞ Wächst Farn im Topf oder im Kübel, sollte dieser alle zwei Wochen mit verdünntem schwarzen Tee gedüngt werden.

☞ Damit die Pflanze gleichmäßig wachsen kann, muss sie hin und wieder nach dem Licht gedreht werden.

FROSTSCHUTZ

für junge Pflanzen kann man mit Alkohol und Glycerin herstellen. Dazu 1 TL Alkohol und 1 EL Glycerin mit 1 l Wasser vermischen. Diese Mischung in eine Spritzflasche füllen und die jungen Triebe damit besprühen.

GERANIEN

Schneidet man welke Geranienblüten direkt nach dem Verblühen ab, wird die Pflanze dazu veranlasst, neue Blüten zu bilden.

GIESSEN

☞ Bei hohen Außentemperaturen und direkter Sonnenbestrahlung sollte man die Pflanzen nicht gießen. Erstens verdunstet das Wasser zu schnell und die Pflanzen können es nicht aufnehmen. Zweitens wirken die Wassertropfen auf den Blüten und Blättern wie Lupen und Brandflecken können entstehen.

☞ Topfpflanzen leben länger, wenn man in das Gießwasser etwas Tischlerleim gibt und das Ganze über Nacht stehen lässt.

HECKENSCHNITT

Immergrüne Hecken werden entweder vor Beginn (im März) oder nach Abschluss (im Herbst) des Triebwachstums geschnitten.

IMMERGRÜNE GEHÖLZE

müssen auch im Winter an frostfreien Tagen gegossen werden. Denn in der kalten Jahreszeit verdunstet ebenfalls Wasser und die Pflanzen vertrocknen daher eher, als dass sie erfrieren.

KNOLLENPFLANZEN

müssen alle paar Jahre möglichst weit auseinander gesetzt werden, da zu eng stehende Pflanzen nicht blühen.

KÜBELPFLANZEN

Mehrjährige Kübelpflanzen sollten ab September nicht mehr gedüngt und langsam etwas weniger gegossen werden.

KÜRBIS

Bei großen Exemplaren sollte man die kleinen und weniger schönen Blüten entfernen. Zusätzliches Gießen 1-mal pro Woche mit 1 l Milch sorgt zusätzlich für gutes Wachstum.

MARGERITEN

Strauchmargeriten müssen ausgiebig, an warmen Sommertagen täglich, gegossen werden. Der Wurzelballen darf nie austrocknen, da die Pflanzen sonst für Schädlinge anfällig werden.

MÖHREN

werden besonders süß, wenn man die Samen vor der Aussaat 3–4 Tage in Honigwasser legt.

NÜTZLINGE

tragen dazu bei, dass der Garten wächst und gedeiht, indem sie Pflanzen bestäuben oder Schädlinge fernhalten bzw. vertilgen.

☞ Bienen fühlen sich durch eine reiche Blütenpracht angezogen. Man kann sie aber auch wie folgt anlocken: In eine Baumscheibe mittig ein Loch schneiden, in das man einen wabenförmigen Ziegelstein-Bruch einsetzt. Anschließend mit verschiedenen Gräsern und Stroh rundherum ausfüllen und an einem möglichst geschützten Platz aufhängen.

☞ Hummeln kann man mit einem improvisierten Nest anlocken. Hierfür in die Erde ein Loch von der Größe eines Blumentopfes graben. In dieses Loch Heu legen und darauf den umgestülpten Blumentopf geben. Das Loch des Topfes muss bündig mit der Erdoberfläche abschließen. Abschließend Kieselsteine und einen flachen Stein auf den Topf setzen.

☞ Regenwürmer fühlen sich von Kaffeesatz angezogen. Sie lockern den Komposthaufen und hinterlassen nährstoffreichen Wurmhumus.

☞ Spitzmäuse sollte man weder vertreiben noch töten, da diese kleinen Nager nützliche Tiere sind und unerwünschte Insekten vertilgen.

PRIMELN

Sind diese Frühjahrsblüher im Topf verblüht, müssen sie nicht entsorgt werden. Ins Freiland gepflanzt, zeigen die Pflanzen bei der nächsten Blüte erneut ihre ganze Pracht.

ROSEN

☞ lieben Sonne, Luft und einen nährstoffreichen Boden. Sie sollten deshalb unbedingt an einem hellen luftigen Ort in gute Erde gepflanzt werden.

☞ ab Ende Oktober vor Frost schützen.

SCHNITTBLUMEN

☞ Die Stängel von Schnittblumen müssen schräg angeschnitten werden, bevor sie in die Vase gegeben werden.

☞ Kürzt man die Stängel der Blumen jeden Tag um etwa 1 cm, bleiben sie länger frisch.

☞ Wenn man ein Kupferstück ins Wasser der Blumenvase gibt, halten die Schnittblumen länger.

☞ Amaryllen halten in der Blumenvase länger, wenn man das Stielende mit durchsichtigem Klebeband umwickelt.

☞ Bei Chrysanthemen sollten, bevor man sie in die Vase stellt, die Enden der Stiele über einer Kerze angesengt werden. So halten die Blumen länger. Beginnen Blumen zu welken, erholen sie sich meist, wenn man sie kurz in kochendes Wasser taucht.

☞ Gerbera halten länger, wenn die Vase immer nur zu einem Drittel mit Wasser gefüllt wird.

☞ Orchideen sollten nie in kaltem Wasser stehen. Lauwarmes Wasser in der Vase lässt die Blumen länger leben.

☞ Tulpen halten länger, wenn man sie abends in Zeitungspapier wickelt und an einem kühlen Ort ins Wasser stellt. Selbst hängende Blütenköpfe stellen sich dann wieder auf.

UMTOPFEN

Der neue Topf sollte nur wenig größer sein als der alte, da die Pflanze sonst zu viel Kraft in neue Wurzeln steckt.

UNKRAUT

☞ auf Gartenwegen kann man verhindern, wenn man diese regelmäßig (besonders bei trockenem Wetter) mit Salzwasser begießt.

☞ in Beeten begegnet man, indem man an den betroffenen Stellen Kartoffelpflanzen setzt. Ihr hoher Solanin-Anteil verhindert das Wachstum von Unkraut.

☞ auf Terrassenfliesen bekämpft man, indem man etwas Salz in die Fugen gibt.

ZIMMERPFLANZEN

sollen nicht an gefrorene Fensterscheiben kommen. Die Scheiben leiten die Kälte weiter, sodass die Pflanzen eingehen können.

BLATTLÄUSE

☞ Ein gutes Mittel gegen diese Störenfriede ist das Bestreichen mit Tabakbrühe. Hierzu Zigarren- und Zigarettenstummel zu einem Sud aufkochen, abkühlen lassen und die betreffenden Blattstellen damit bestreichen.

☞ Stark befallene Pflanzen kann man mit einer Lösung aus Wasser und Spülmittel behandeln. Diese Seifenmischung auf die Pflanze sprühen, allerdings darf dabei kein Wasser an die Wurzeln kommen.

☞ Wenn man von Läusen befallene Pflanzen mit verdünnter Magermilch bespritzt, fallen die Läuse ab und meiden diese Pflanze.

KARTOFFELKÄFER

Beim Kartoffelanbau muss man mit den gefährlichen Kartoffelkäfern rechnen. Pflanzt man Meerrettich rund um die Beete, hilft dieser, das Ungeziefer fernzuhalten.

LAUCHMOTTEN

lassen sich mit Rainfarnbrühe bekämpfen. Dazu 1 kg zerkleinerte Rainfarnblätter mit 10 l kaltem Wasser in einem Plastikbehälter ansetzen und 1 Tag stehen lassen. Das Ganze in einem Topf 30 Minuten kochen lassen. Nach dem Abkühlen die betroffenen Pflanzen damit besprühen.

LÖWENZAHN

kann man im eigenen Garten in Grenzen halten, wenn man seine Blütenknospen ständig entfernt.

MADEN

☞ In Käse gehen die Tiere nicht, wenn man diesen mit Nussbaum- oder Johannisbeerblättern umwickelt.

☞ Kohlpflanzen kann man vor Kohlmaden bewahren, indem man 1 EL gelöschten Kalk vor dem Einsetzen des Saatgutes in das Pflanzloch gibt. So werden die Pflanzen vor dem Madenbefall geschützt.

MEHLTAU

vernichtet man, indem man etwa 500 g Kochsalz in 1 Eimer Wasser auflöst und damit die befallenen Pflanzen besprüht.

PILZKRANKHEITEN

Pflanzen kann man vor Pilzkrankheiten schützen. Dazu 100 g Knoblauch mit 2 l Wasser ansetzen und so lange stehen lassen, bis das Ganze vergoren ist. Häufig umrühren und im Verhältnis 1:10 mit Wasser verdünnen. Die Pflanzen damit entweder ansprühen oder gießen.

RAUPEN

☞ An Beerensträuchern kann man die Schädlinge durch Besprühen mit einer Seifenlauge vernichten. Dazu darf der Befall allerdings nicht so stark sein.

☞ An Rosensträuchern lassen sich die Raupen vertreiben, indem man die nassen Sträucher mit Tabakasche bestreut.

SCHNECKEN

☞ Mit einer sogenannten Bierfalle kann man Schnecken zu Leibe rücken. Dazu einen Plastikbecher bis zur Hälfte in die Erde eingraben und diesen bis zur Hälfte mit Bier füllen. Die Schnecken, die sehr gerne Bier mögen, klettern in den Becher und ertrinken in dem Bier.

☞ Schnecken kann man von Pflanzen fernhalten, indem man Kaffeesatz um die Pflanzen herum streut oder die Erde mit Kaffeesatz düngt. Konzentriertes Koffein ist für Schnecken giftig.

TRAUERMÜCKEN

in Topfpflanzen verschwinden, wenn man Kaffeesatz auf die Erde streut.

UNGEZIEFER

in Topfpflanzen wird durch eine in die Topferde gesteckte Knoblauchzehe vertrieben.

Bewährtes für das körperliche und geistige Wohlbefinden

Fast jede Frau hat in ihrem Badezimmerschrank unzählige Töpfchen mit Cremes „für jeden Anlass". Ob gegen Falten, Pickel oder Hautunreinheiten, jedes Mittelchen ist recht. Meist bleibt eine Verjüngung aus und die Falten bleiben – aber das Geld ist weg. Schade, gibt es doch einfache Mittel zur Hautpflege in Ihrem Kühlschrank. Beispielsweise sind Quark, Honig und Gurkenscheiben hervorragende Zutaten für Gesichtsmasken, Eigelb und Bier sind gesund für die Haare und Olivenöl wie auch Essig sorgen für schöne Hände. Auf den nächsten Seiten finden Sie also wertvolle Tipps zum „Schönerwerden" von Kopf bis Fuß.

Auch Stress beeinträchtigt die Schönheit nicht unerheblich – vor allem ist er aber die Hauptursache für Herzinfarkt, Gehörsturz, Bluthochdruck, Nervenleiden … Dabei sind die Ursachen für Stress mannigfaltig und häufig auch hausgemacht. Das Hetzen von Termin zu Termin, der Wunsch immer „fit" zu sein, übermäßiger Sport und zu viele Aktivitäten auch in der Freizeit und im Urlaub, das Aufputschen mit Kaffee, Energiedrinks u. v. m. führt unweigerlich zu Stress – ohne dass uns das bewusst wird. Zeitmanagement ist der erste Schritt zur Entlastung. Signale wie Überlastung, ständige Müdigkeit oder Erschöpfung, selbst am Wochenende, sollte man nicht übersehen.

Zum Abbau von Stress vorab einige Ratschläge: Trinken Sie keine Getränke mit einer anregenden Wirkung wie Kaffee oder schwarzen Tee. Wenn Sie entspannen wollen, sollten Sie alle Störfaktoren, wie Handy, Telefon und Computer, aus Ihrer Umgebung entfernen. Legen Sie sich mit Melisse und Lavendel in die Badewanne und lassen Sie dabei Ihre Lieblingsmusik laufen. Für die perfekte Entspannung sollte dabei die optimale Wassertemperatur bei ca. 37 °C liegen.

ALTERSFLECKEN

Unschöne Altersflecken auf den Händen kann man zwar nicht vollständig entfernen (außer durch Lasern), aber mit einer Mischung aus Apfelessig und Zwiebelsaft aufhellen. Dazu benötigt man 1 TL Zwiebelsaft und 2 TL Apfelessig. Diese Mischung abends auf die Flecken auftragen und über Nacht einwirken lassen. Bei regelmäßiger Anwendung können die Flecken verblassen.

AUGEN

Müde Augen werden wieder „munter“, wenn man rohe Salatgurkenscheiben auf die geschlossenen Augenlider legt. Dabei sollte man entspannen.

DEKOLLETÉ

☞ Falten am Dekolleté kann man etwas lindern, indem man 1 steif geschlagenes Eiweiß mit 1/2 Becher Sahne vermischt. Dann 1 TL angewärmten Bienenhonig vorsichtig unterheben. Diese Masse fingerdick aufs Dekolleté auftragen und 10 Minuten einwirken lassen.

☞ Rosenöl, Jojoba-Öl und Sheabutter helfen ebenfalls, Fältchen zu glätten.

ENTHAARUNG

☞ an den Augenbrauen: Diese schmerzhafte Prozedur kann man etwas abmildern, indem man die Augenbrauen vor dem Zupfen mit einem Eiswürfel bestreicht.

☞ mit Wachs an den Beinen: Man sollte vor der Enthaarung Talkumpuder auf die Beine geben. Das hat zur Folge, dass sich die Haare voneinander trennen und die Enthaarung weniger schmerzhaft ist.

FINGERNÄGEL

Brüchige Fingernägel werden wieder schön, wenn man diese jeden Abend mit Glycerin einreibt.

HAARE

☞ Bei strapaziertem Haar: 1 Ei mit 300 ml Bier verrühren. In das Haar einmassieren, kurz einwirken lassen und anschließend ausspülen.

☞ Für glänzendes Haar: 4 EL Honig, 1 Eigelb und 1 TL Zitronensaft miteinander mischen und in das gewaschene Haar massieren. Den Kopf mit einem erwärmten Handtuch umwickeln und 10 Minuten wirken lassen. Anschließend mit warmem Wasser gut ausspülen.

☞ Eine weitere Möglichkeit, das Haar zum Glänzen zu bringen ist, die Haare nach dem normalen Waschvorgang mit einer halben Tasse Apfelessig zu übergießen. Den Essig etwas in das Haar einmassieren und einwirken lassen. Danach gründlich auswaschen.

☞ Gegen schnell fettendes Haar empfiehlt sich eine Brunnenkresse-Spülung: 4 Tassen Wasser kochen, darin 1–2 Handvoll frische Brunnenkresse 10 Minuten ziehen lassen, durch ein Sieb abgießen. Diese Spülung mehrmals übers frisch gewaschene Haar geben.

☞ Gegen trockenes, sprödes Haar: 2 EL Honig im Wasserbad erwärmen, mit dem gefilterten Saft 1 Zitrone mischen und sorgfältig auf das trockene Haar streichen. Die Haare zuerst in Alufolie und dann in ein vorgewärmtes Handtuch wickeln. Das Ganze 15 Minuten einwirken lassen und anschließend die Haare wie gewohnt waschen.

☞ Gegen Spliss hilft, die Haarspitzen zwei Stunden vor dem Waschen mit Olivenöl einzureiben.

HÄNDE

☞ Gegen raue und rissige Hände (vor allem im Winter und nach häufigem Händewaschen) kann eine wöchentliche Honig-Kur helfen. Dazu Honig mit etwas Olivenöl glatt rühren und die Handrücken damit bestreichen. Die Hände in Baumwollhandschuhen schützen und die Pflege über Nacht wirken lassen.

☞ Nikotinflecken an den Fingern lassen sich mit Zitronensaft oder Essig und einem Bimsstein beseitigen.

☞ Nikotinflecken lassen sich auch durch das Reiben an der Innenseite einer Bananenschale entfernen.

HAUT

☞ Für zarte, geschmeidige Haut 2–3 l Milch, Buttermilch oder Molke ins Badewasser geben.

☞ Bei besonders trockener Haut kann man noch zusätzlich ein paar Tropfen Olivenöl in das Badewasser geben.

☞ Bei trockener Gesichtshaut hilft eine Gesichtsmaske aus 1 Eigelb, 1 EL Öl und 1 Spritzer Zitronensaft. Das Ganze vermischen und 10 Minuten auf die trockene Gesichtshaut einwirken lassen. Anschließend mit lauwarmem Wasser abspülen.

☞ Ebenso wirksam bei trockener Gesichtshaut ist eine Maske aus Quark mit etwas Avocado- oder Weizenkeimöl. Diese Gesichtsmaske auftragen, 10 Minuten einwirken lassen und anschließend mit lauwarmem Wasser abspülen.

☞ Gegen erweiterte Gesichtsäderchen 2 EL Joghurt, 1 TL Rosenwasser und 1 Tropfen Kamillenöl verrühren. Die Gesichtsmaske auftragen und 20 Minuten einwirken lassen. Anschließend mit warmem Wasser abspülen.

☞ Gegen fettige Gesichtshaut hilft eine Maske aus Quark, der mit ein paar Tropfen Zitronensaft vermischt wird. Diese Gesichtsmaske auftragen, 10–15 Minuten einwirken lassen und anschließend mit lauwarmem Wasser abspülen.

☞ Ellenbogen werden wieder glatt und weich, wenn man sie einige Minuten auf eine Avocado-Schale legt oder regelmäßig mit Buttermilch einreibt.

☞ Für samtige Haut 10 EL Bienenhonig mit 1 l warme Vollmilch mischen, einen Schwamm damit tränken und sich von Kopf bis Fuß damit abrubbeln.

☞ Gegen trockene und unreine Haut hilft eine Honigmaske. Dazu 2 EL Bienenhonig mit 1/4 TL Oliven- oder Mandelöl mischen und auf die Haut auftragen. Das Ganze 30 Minuten einwirken lassen und anschließend mit lauwarmen Wasser abwaschen.

KOPFJUCKEN

Zur Beruhigung der Kopfhaut 3 Tropfen Rosmarinöl mit 30 ml hochprozentigem Wodka verrühren und mit 1 EL Wasser verdünnen. Mit einem Wattepad auf die betreffenden Hautstellen auftragen und in die Kopfhaut einmassieren.

LIPPEN

Gegen raue Lippen kann Butter oder eine Mischung aus Butter und Honig helfen. Einfach auf die Lippen auftragen und einziehen lassen.

MUNDGERUCH

☞ Das Kauen von Kardamomsamen mildert Mundgeruch und wirkt außerdem antibakteriell.

☞ Gurgeln mit Kornblumenblüten kann gegen Mundgeruch helfen. Dazu 10 Kornblumenblüten mit 1 Tasse heißem Wasser übergießen, 10 Minuten ziehen lassen und dann durch ein feines Sieb abgießen. Mit dieser Flüssigkeit jeden 2. Tag gurgeln.

PEELING

☞ Gibt man 1 TL Kristallzucker zum Seifenschaum, erhält man ein preiswertes Peeling für unschöne Hautstellen.

☞ Kaffeesatz ist ein sehr gutes Hautpeeling. Den trockenen Kaffeesatz gründlich über die entsprechenden Hautpartien (Beine, Arme, Hände etc.) „rubbeln“ und anschließend wie gewohnt duschen.

PICKEL

sind unschön und mit der richtigen Pflege leicht „in den Griff“ zu bekommen.

☞ Gegen Pickel kann hilfreich sein, geschälte Knoblauchzehen mehrmals am Tag auf die betroffenen Hautpartien aufzutragen.

☞ Auch ein Kamille- oder Meersalz-Dampfbad kann gegen Pickel helfen. Dazu das Gesicht 15 Minuten über die dampfende Mischung beugen. Der Kopf muss dabei mit einem ausreichend großen Handtuch bedeckt werden. Nach dem Dampfbad das Gesicht mit lauwarmem Wasser abspülen und die Haut langsam abkühlen lassen.

REINIGUNG

☞ Zur Reinigung des Gesichts kann man eine Mischung aus Mineralwasser und Apfelessig verwenden. Dazu Mineralwasser und den Apfelessig in einem Verhältnis von 1:1 mischen und das Gesicht morgens und abends mithilfe eines Wattepads reinigen.

☞ Eine weitere Möglichkeit zur Hautreinigung besteht darin, Zitronensaft mit etwas Rosenwasser zu mischen. Die Gesichtshaut damit morgens und abends reinigen und wie gewohnt mit warmem Wasser waschen.

☞ Zum Entfernen von Augen-Make-up kann man etwas Rizinus- und süßes Mandelöl auf einen Wattebausch geben und die geschlossenen Augen damit von außen nach innen reinigen. Das Make-up lässt sich ganz einfach entfernen und die Wimpern werden mit dieser Öl-Mischung gestärkt.

SCHUPPEN

☞ Gegen übermäßige Schuppenbildung kann Brennnessel helfen. Dazu 2 Handvoll Brennnesselblätter in 500 ml Alkohol bei 40 °C einweichen. Diese Mischung 2 Tage ziehen lassen. Dann regelmäßig auf die Kopfhaut einmassieren, 10 Minuten wirken lassen und anschließend mit warmem Wasser ausspülen.

☞ Kopfschuppen lassen sich auch durch häufiges Einreiben der Kopfhaut mit Eigelb verhindern. Das Eigelb kurz einwirken lassen und anschließend gründlich ausspülen.

SCHWANGERSCHAFTSSTREIFEN

Zur Vermeidung dieser unliebsamen Begleiterscheinung den Bauch während der Schwangerschaft täglich mit Sheabutter einreiben.

SCHWEISSFÜSSE

kann man dadurch lindern, dass man frische Eichen- oder Weidenblätter in die Schuhe gibt.

ZÄHNE

☞ werden wieder schön weiß, wenn man sie regelmäßig mit Backpulver oder Salz putzt.

☞ Gegen hartnäckige Verfärbungen durch Nikotin, schwarzen Tee oder Kaffee helfen pürierte Erdbeeren. Die Zahnbürste mit dem Erdbeermus bestreichen und die Zähne damit gründlich putzen.

AUSZEIT

Bewusst gewählte Auszeiten tun Körper und Seele gut. Nehmen Sie sich jeden Tag mindestens 15 Minuten eine Auszeit und nutzen Sie diese Zeit nur für sich. Nutzen Sie diese Zeit, indem Sie an positive Momente denken oder einfach mal die Seele baumeln lassen. Wichtig: Lassen Sie sich in dieser Zeit nicht stören!

BÄDER ZUR ENTSPANNUNG

☞ 2 EL Honig mit 1 zerkleinerten Zimtstange und 1 Vanilleschote in etwa 250 ml Milch erwärmen. Das Ganze durch ein feines Sieb schütten, dabei die Flüssigkeit auffangen und die festen Bestandteile mit Rosenblättern oder Lavendelblüten in ein Baumwollsäckchen füllen. Flüssigkeit und Säckchen ins warme Badewasser geben und entspannen.

☞ Für eine wohltuende Wirkung auf die Nerven sorgt ein Entspannungsbad mit Salbei. Dazu 500–1000 g Salbei mit 3–4 l kochendem Wasser übergießen und 10 Minuten ziehen lassen. Danach durch ein Sieb gießen und den Aufguss auf ein Vollbad geben.

☞ Eine weitere Möglichkeit zur Entspannung bietet die Melisse. Hierfür 150 g Melissenblätter mit 2 l heißem Wasser überbrühen, 10 Minuten ziehen lassen. Danach durch ein Sieb gießen und den Aufguss auf ein Vollbad geben.

☞ Auch ein Lavendelbad hat eine sehr entspannende Wirkung. Dazu 60 g getrocknete Lavendelblüten in 1 l etwa 50 °C warmem Wasser 30 Minuten einweichen. Danach abkühlen lassen, durch ein Sieb gießen und dem Vollbad beigeben.

ERFRISCHUNGSBAD

Bei einem müden Körper kann ein belebendes Bad helfen. Hierfür je 50 g Thymian, Rosmarin und Orangenschalen mit 250 ml Wasser zu einem Tee aufkochen. Das Ganze durch ein Sieb gießen und die Flüssigkeit ins warme Badewasser geben.

FUSSBAD

Ein Fußbad verheißt Entspannung und Erholung zugleich. Gestressten Füßen verhelfen Sie mit einem Rosmarin-Fußbad zu neuen Kräften. Bringen Sie 30 g getrocknete Rosmarinblätter mit 1 Liter Wasser zum Kochen, auf kleiner Flamme ca. 20 Minuten weiterköcheln lassen. Den Sud abseihen und mit warmen Wasser aufgießen. Lassen Sie Ihre Füße rund 15 Minuten im warmen Aroma-Bad verweilen.

INGWERTEE

Ein vorzügliches Getränk zur Unterstützung bei Erkältungserscheinungen, grippalen Infekten, Magenproblemen sowie Übelkeit und Unwohlsein ist der klassische Ingwertee. Dazu 1 Liter Wasser mit 2 EL frisch geriebenen Ingwer aufkochen. Durch ein Sieb in eine Kanne gießen. Je nach Geschmack eine Prise Pfeffer oder den Saft von einer Zitrone oder Orange zugeben und noch heiß servieren.

MEHRSALZWASCHUNG

Für eine Erfrischung und für die Belebung, z. B. nach einer „langen" Nacht, kann man sich morgens mit einer Meersalzwaschung beleben. Dazu 2 Handvoll Meersalz in 1 l Wasser geben und den Körper damit abwaschen und trocknen lassen – nicht abtrocknen.

SAUNA

Entspannung pur verheißt ein Besuch in der Sauna. Aber das ist noch längst nicht alles, was das Saunieren zu bieten hat: Der Körper kann sich regenerieren und die Abwehrkräfte werden gestärkt. Gönnen Sie sich jeden Monat einen Saunabesuch und verbessern Sie dadurch deutlich Ihr Immunsystem.

TEES

Zur Entspannung von Stress-Situationen können neben Bädern auch Tees zur innerlichen Anwendung helfen.

☞ 2 TL Johanniskraut in 250 ml Wasser aufkochen und 3–5 Minuten ziehen lassen. Danach durch ein Haarsieb gießen und 2–3 Tassen täglich trinken.

☞ 2 TL grünen Hafer in 500 ml Wasser aufkochen und dann 20 Minuten ziehen lassen. Danach durch ein Haarsieb gießen und über den Tag in kleinen Schlucken trinken.

ÜBUNG ZUR ENTSPANNUNG

Durch eine einfache Atemübung ist es möglich, Entspannung zu finden. Hierfür muss man sich aufrecht hinsetzen, langsam tief ein- und ausatmen und dabei die Atemstöße zählen: 1 – ein, 2 – aus …

Gesundheitstipps und Heilmittel bei mannigfaltigen Beschwerden

Krankheiten kann man am besten durch eine gesunde Lebensweise vorbeugen. Viel Bewegung an der frischen Luft, Sport, viel Schlaf und Stressvermeidung sind genauso wichtig wie gesunde Ernährung.

Die richtige Kleidung ist zum Schutz vor Erkrankungen ebenfalls nicht zu unterschätzen. Im Sommer sollten Kopf und Nacken mit Sonnenhüten, Käppis o. Ä. geschützt werden, um einen Sonnenstich zu vermeiden. Im Winter ist Kleidung sehr wichtig, um Erkältungskrankheiten abzuwehren. Unterhemden sind nicht immer schick, dafür aber wichtig, um den Körper warm zu halten. Mützen auf dem Kopf, Schal um den Hals und vor allem warme Füße machen es Erkältungen schwer, „Fuß zu fassen".

Gegen Krankheiten und gesundheitliche Beschwerden gibt es in den Apotheken unzählige Pillen, Tabletten und Salben. Aber nicht jede Erkrankung macht chemische Pharmaprodukte notwendig. Zwar ist der Griff nach frei verkäuflichen Medikamenten einfach und unkompliziert – aber ist er auch immer notwendig? Es gibt zahlreiche Hausmittel, deren Wirkung hilfreich dabei ist, Beschwerden zu lindern und die Heilung zu unterstützen. Beispielsweise ist es für Menschen, die oft unter Kopfschmerzen leiden, wichtig, immer regelmäßig zu essen und zu trinken. Denn Hunger (bzw. der absinkende Blutzuckerspiegel) und Flüssigkeitsverlust können Kopfschmerzen verursachen. Dagegen wirken einige Nahrungsmittel wie reifer Käse, Rotwein, Schokolade, Weizen oder Schweinefleisch als Kopfschmerzauslöser.

Für die Naturmedizin braucht man jedoch etwas Geduld, denn es dauert etwas länger, bis diese Wirkung zeigt. Zu allererst gilt allerdings, die Erkrankung zu diagnostizieren und die Ursachen herauszufinden.

Wichtig ist aber immer, bei anhaltenden Beschwerden den Arzt aufzusuchen!

ABWEHRKRÄFTE

Wacholder stärkt die Abwehrkräfte. Dazu 1 TL zerquetschte Wacholderbeeren mit einer Tasse kaltem Wasser übergießen und zugedeckt 10 Minuten ziehen lassen. Dann über ein Leinentuch abfiltern und warm trinken. Wacholder kann auch bei Blasenproblemen eingesetzt werden.

FUSSBÄDER

helfen bei beginnenden Erkältungen nicht nur gegen kalte Füße. Sie erwärmen den ganzen Körper, fördern die Durchblutung der Nasen- und Rachenschleimhaut und wehren dadurch Krankheitserreger ab. In eine Wanne 35 °C warmes Wasser füllen und nun die Füße hineinstellen. Gießen Sie vorsichtig heißes Wasser nach, bis die Temperatur 39 °C erreicht hat. Nach dem Bad die Füße gut abtrocknen, warme Socken anziehen und am besten – mit einer Wärmflasche – direkt ins Bett legen.

HÄNDESCHÜTTELN

sollte man in der Erkältungssaison möglichst vermeiden, um einer Infektion vorzubeugen.

INFEKTANFÄLLIGKEIT

Nach einer schweren Krankheit, häufigen Infekten oder psychischen Beanspruchung fühlt man sich häufig schlapp und matt. Wichtig ist dann, den Wärmeorganismus durch Wollunterwäsche, Fußbäder, warme Suppen und Tees zu stärken.

KALTABWASCHUNG ZUR ABWEHRFÖRDERUNG

Mit einem handwarmen, nassen Waschlappen den Körper von außen nach innen abreiben. Man beginnt erst rechts, dann links, zuerst an den Händen und Armen, danach am Oberkörper, dann an den Füßen, Beinen und am Unterkörper. Danach – ohne abzutrocknen – zügig anziehen.

LÜFTEN

der Wohn- und Schlafräume (auch bei frostigen Temperaturen) sollte regelmäßig erfolgen. Denn Stoßlüften verringert die Virenanzahl in den Räumen.

STÄRKUNG DES VERDAUUNGS- UND IMMUNSYSTEMS

☞ Ananas, Orangen, Tomatensaft und Paprikagemüse sind besonders reich an Vitamin C und vielen anderen Vitalstoffen, die die Abwehrtätigkeit anregen. Durch den regelmäßigen Verzehr dieser „Fitmacher" kann das Immunsystem gestärkt werden.

☞ kann mit Knoblauch erzielt werden. Dazu etwa 40–50 Knoblauchzehen schälen und mit 1 l guten, mindestens 40- bis 50%igen Schnaps ansetzen und in die Sonne bzw. an einen warmen, hellen Ort stellen. Zur Anregung der Verdauung jeweils 1 Stunde vor dem Essen 10 Tropfen einnehmen.

TROCKENBÜRSTEN ZUR ABWEHRFÖRDERUNG

bringt den Kreislauf in Schwung. Mit einer mittelharten Bürste, Arme und Beine in Längsrichtung, den restlichen Körper in kreisenden Bewegungen abbürsten.

VERSTOPFUNG

Damit es erst gar nicht so weit kommt, sollte man sehr viel trinken. Ein einfaches, aber wirkungsvolles Mittel ist, morgens auf den nüchternen Magen ein lauwarmes Glas Wasser zu trinken. Das regt die Verdauung an.

VORBEUGEN GEGEN AUTOKRANKHEIT

☞ Bei aufkommender Übelkeit an einem Bund frischer Minze und Petersilie riechen: Schon fühlt man sich gleich besser. Ausreichendes Lüften während der Autofahrt ist ebenfalls sehr hilfreich.

☞ Die Autokrankheit ist mittels einer Schläfenmassage abwendbar. Dazu 5 TL Speiseöl mit 2,5 ml Zitronenöl, 1 ml Basilikumöl und 1 ml Lavendelöl mischen. Vor der Autoreise die Schläfen mit dieser Mixtur einreiben.

VORBEUGEN GEGEN ERKÄLTUNGSKRANKHEITEN

kann ein frisch gepresster Orangensaft angereichert mit dem Saft von 2 Möhren, 1 EL Sanddornsaft und 1 TL frisch geriebenem Ingwer helfen. Das Ganze in einem Glas verrühren und abends vor dem Schlafengehen trinken.

WECHSELDUSCHEN ZUR ABWEHRFÖRDERUNG

Wechselduschen eignen sich hervorragend zur Stärkung der Abwehrkräfte. Dabei ist zu beachten, dass das Duschen mit einem kalten Guss beendet werden muss.

ZAHNBÜRSTEN

gehören nach einer ansteckenden Krankheit (Erkältung) in den Müll. Die Bürsten stecken voller Viren und das Zähneputzen mit einer alten Bürste erhöht die erneute Ansteckungsgefahr.

ABFÜHRUNG

kann notwendig werden, wenn man unter Verstopfung leidet.

☞ 4–5 Trockenpflaumen über Nacht in Wasser einweichen. Das Wasser morgens nüchtern trinken. Wer mag, kann die Pflaumen auch essen. Vorsicht bei der Ersteinnahme – man weiß im Voraus nicht, wie der Darm darauf reagiert.

☞ Rizinusöl hat ebenfalls einen „durchschlagenden" Erfolg. 1 Schnapsgläschen (oder erst einmal weniger) Rizinusöl einnehmen – aber Vorsicht, die Wirkung von Rizinusöl tritt schnell ein!

☞ Milchzucker, ein mildes Mittel, das in niedriger Dosierung bereits Babys in der Milchflasche zugegeben wird. 1 EL in Milch oder Quark einrühren.

☞ Leinsamen und/oder Flohsamen in Wasser geben und quellen lassen. Den sich bildenden Schleim mit den aufgequollenen Samen einnehmen. Man kann das Ganze zur leichteren Einnahme unter Joghurt oder Quark rühren. Lein- und Flohsamen sind Quellmittel, bei deren Einnahme unbedingt viel getrunken werden muss, da sich die Wirkung sonst ins Gegenteil verkehrt.

BRONCHITIS

☞ Ein Bad mit Thymian entlastet die Bronchien. Dazu 100 g Thymian mit 1 l kochendem Wasser übergießen und 10–15 Minuten ziehen lassen. Anschließend durch ein feines Sieb abgießen und die Flüssigkeit ins Vollbad geben.

☞ Brustwickel helfen gegen Bronchitis. Dazu wird der gesamte Oberkörper in ein kaltes, nasses, gut ausgewrungenes Leinentuch gewickelt. Darüber legt man ein entsprechend großes Frotteetuch und abschließend wickelt man den Erkrankten gut in eine warme Wolldecke.

DURCHFALL

☞ Einen frischen, ungespritzten Apfel mit Schale reiben und den Apfelbrei 10–15 Minuten stehen lassen. Dann umrühren und erneut 10 Minuten stehen lassen, bis er sich leicht bräunlich verfärbt.

☞ 500 g Möhren schälen, in kleine Stücke schneiden und in 1 Liter Wasser knapp 1 Stunde kochen. Zu einer Suppe mit dem Pürierstab pürieren und diese mit abgekochtem Wasser zu einer Gesamtmenge von 1 Liter auffüllen. Dann 1 gestrichenen TL Kochsalz zufügen. Immer wieder kleine Portionen von der Möhrensuppe über den Tag verteilt trinken.

ERKÄLTUNG

kann man mit einem Chrysanthemenblüten-Tee lindern. Dazu 10 g trockene Chrysanthemenblüten mit 4 Tassen Wasser aufkochen und zur Hälfte reduzieren lassen. Den Tee in kleinen Schlucken trinken. Nach Bedarf kann man von diesem Tee täglich 4–5 Tassen trinken.

FIEBER

kann man sehr gut mit Wadenwickeln senken (auch für Kinder sehr gut geeignet). Dazu 2 Handtücher in lauwarmes Wasser tauchen, etwas auswringen und eng um die Waden wickeln. Darüber anschließend jeweils ein trockenes Frotteehandtuch außen herumwickeln. Das Ganze etwa 5–10 Minuten wirken lassen. Den Vorgang 2- bis 3-mal wiederholen. Vorsicht: Wadenwickel dürfen nur angelegt werden, wenn die Füße warm sind.

FUSSPILZ

kann man lindern, indem man die Füße regelmäßig in Essigwasser badet.

GASTRITIS

kann man mit Petersilien-Honig-Wein lindern. Dazu 10 Stängel frische Petersilie in 1 l Weißwein 5 Minuten köcheln lassen. 80–150 g Honig (Menge nach Geschmack) und 2 EL Essig dazugeben und weitere 5 Minuten leichtkochen lassen. Den Wein abschäumen und steril abfüllen. 3-mal täglich 1 Likörglas nach dem Essen trinken.

HUSTEN- UND HALSSCHMERZEN

☞ kann man mit einem Salbei-Tee lindern. Dazu 2 TL getrocknete oder frische Blätter Salbei mit heißem Wasser übergießen und nach 10 Minuten durch ein Sieb gießen. 2 bis 3-mal täglich je 1 Tasse trinken.

☞ Auch ein Tee mit Veilchenblättern kann Hustenbeschwerden lindern. Dazu 20 g getrocknete Veilchenblätter mit 1 l Wasser aufbrühen und 5 Minuten ziehen lassen. Dann durch ein feines Sieb abgießen und mit 1 EL Honig abends vor dem Schlafengehen trinken.

☞ Ein weiteres Rezept zur Linderung von Hustenbeschwerden besteht darin, Apfelwein, Wasser und Milch zu gleichen Teilen zu erwärmen. Das Ganze durch ein Leintuch filtern und warm trinken.

☞ Bei Halsschmerzen sollte man sich die Socken bzw. Strümpfe, welche man tagsüber getragen hat, zum Schlafengehen mit einem Schal um den Hals wickeln.

HUSTENLÖSER

kann man mit Zwiebeln sehr leicht selbst herstellen. Dazu 1 mittelgroße Zwiebel fein würfeln, gut mit Zucker bestreuen und zugedeckt gut 1 Stunde stehen lassen. Den sich bildenden Saft teelöffelweise einnehmen. Die ätherischen Öle der Zwiebel lösen den Husten.

KOPFSCHMERZEN

können unterschiedliche Gründe haben:

ERKÄLTUNGSKOPFSCHMERZEN

Zur Linderung kann folgende Mischung beitragen: 5 ml Malven-Öl, 10 ml Salbei-Öl und 10 ml Olivenöl miteinander vermischen. Mit diesem Öl Stirn und Nacken einmassieren, dann den Kopf und den Hals mit Schal und Wollmütze warm halten. Bei Erkältungserkrankungen sollte man die Raumluft unbedingt feucht halten und die Wohnung nicht überheizen.

STRESSKOPFSCHMERZEN

☞ können durch zu wenig Flüssigkeitszufuhr verursacht werden. Deshalb bei Kopfschmerzen viel trinken.

☞ Salz gegen Kopfschmerzen. Dazu 1 Tasse salzige Fleisch- oder Gemüsebrühe, dick mit frischer Petersilie bestreut, trinken.

☞ Koffein gegen Kopfschmerzen. Dazu 1 doppelten Espresso (oder starken Kaffee) mit 1 Spritzer Zitronensaft trinken.

☞ können mit einem Schlüsselblumen-Tee gelindert werden. Dazu 1 EL getrocknete Blüten und Blätter mit einer Tasse kochendem Wasser übergießen. 10 Minuten abgedeckt ziehen lassen, durch ein Sieb gießen und warm trinken. Mehrmals am Tag 1 Tasse trinken.

VERSPANNUNGSKOPFSCHMERZEN

☞ Übungen gegen Verspannungskopfschmerzen: Dazu setzt man sich gerade auf einen Stuhl, die Arme dabei locker an den Seiten nach unten hängen lassen. Der Rücken ist gerade aufgerichtet. Nun in dieser Position beginnen, locker mit dem Kopf zu kreisen, dabei ruhig und tief in den Bauch atmen. Nun macht man abwechselnd zuerst 3 Drehungen in die eine – und anschließend in die andere Richtung usw. Die Schultern sollen dabei möglichst unbewegt bleiben, sodass mit der Drehbewegung die Nackenmuskeln gelockert werden. Diese Übung etwa 1 Minute lang ausführen.

☞ Eine weitere Übung gegen Kopfschmerzen ist die Schläfenmassage. Hierfür 5 Minuten mit leichtem Druck langsam kreisende Bewegungen mit Zeige- und Mittelfinger auf die schmerzende Stelle ausüben. Die Druckmassage gegen Kopfschmerzen funktioniert auch über den Augenbrauen, auf der Stirn und an der Nasenwurzel.

☞ Gegen Verspannungskopfschmerzen hilft ein Schafgarben-Tee. Dazu 1 TL getrocknetes Schafgarbenkraut mit 250 ml kochendem Wasser begießen und 5 Minuten ziehen lassen. Der abgeseihte Tee soll heiß in kleinen Schlucken getrunken werden. Bei lang anhaltenden Beschwerden kann man bis zu 5 Tassen über den Tag verteilt trinken.

☞ können durch eine Meerrettich-Auflage gelindert werden. Dazu frischen, ungeschälten Meerrettich reiben und fingerdick auf ein sauberes Leinentuch streichen. Dieses Tuch auf den Nacken legen und 20 Minuten wirken lassen.

MIGRÄNE

☞ ist besonders schmerzhaft und wird meist auch noch von Übelkeit und Erbrechen begleitet. Hier hilft eine Teemischung in der frühen Schmerzphase. Dieser Tee ist eine Mischung aus 10 g Melissen-Kraut, 30 g Mädesüß-Kraut, 30 g Weidenrinde, 10 g Baldrian-Wurzel, 10 g Lavendelblüten und 10 g Lindenblüten. 1 EL Teemischung pro Tasse mit kochendem Wasser überbrühen und 10–15 Minuten ziehen lassen. Den Tee filtern und in kleinen Schlucken trinken. Gegen die Übelkeit kann man dazu eine dünne Scheibe frischen Ingwer gründlich kauen.

☞ Zu Beginn eines Migräne-Anfalls sollte man sich sofort in einen abgedunkelten Raum legen und bei geschlossenen Augen kalte Kompressen auf Stirn und Augen legen.

☞ Baldrian-Tee gegen Migräne eingesetzt kann gegen die Schmerzen helfen. Dazu 2 TL getrocknete Baldrianblätter mit einer Tasse kaltem Wasser ansetzen und 10 Minuten ziehen lassen. Nach dem Abseihen erwärmen und vor dem Schlafengehen warm trinken.

KREISLAUFBESCHWERDEN

☞ Niedrigen Blutdruck kann man sehr leicht mit nassen, kalten Leintuchabreibungen bekämpfen.

☞ Auch Trockenbürsten bringt den Kreislauf in Schwung. Mit einer mittelharten Bürste Arme und Beine in Längsrichtung, den restlichen Körper in kreisenden Bewegungen abbürsten.

MAGEN-DARM-BESCHWERDEN

Blähungen und nervöser Magen

☞ Hier kann folgende Teemischung helfen: 30 g zerstoßene Fenchel-Früchte, 30 g zerstoßene Kümmel-Früchte, 30 g Baldrian-Wurzel (getrocknet und klein gehackt), 15 g Melissenblätter und 15 g Kamillenblüten. 2 TL der Kräutermischung mit 250 ml kochendem Wasser übergießen und 10 Minuten ziehen lassen. Danach filtern und nach Bedarf 2–3 Tassen täglich trinken.

☞ Wenn es schnell gehen soll, kann man 3-mal am Tag Kümmelkörner langsam im Mund zerkauen.

MAGENVERSTIMMUNG

kann man sehr gut mit Ingwer behandeln. Dazu 2 TL frischen Ingwer raspeln und mit 1 Tasse heißem Wasser übergießen. Das Ganze 10 Minuten ziehen lassen. Den Tee durch ein feines Sieb gießen und warm schluckweise trinken.

NASENBLUTEN

kann man mit einer Eispackung im Nacken und auf dem Nasenrücken stillen. Dabei darf das Eis nicht direkt auf der Haut aufliegen, sondern sollte in ein Handtuch gewickelt sein. Den Kopf auf keinen Fall in den Nacken legen, denn dann läuft das Blut die Kehle runter und kann zu Brechreiz führen.

OHRENSCHMERZEN

Hier hilft ein Dampfbad mit Holunder und Kamille. Dazu 2 EL Holunderblüten und 1 EL Kamillenblüten in eine Schüssel geben und mit heißem (bis zum Siedepunkt erhitztem) Wasser überbrühen. Anschließend den Kopf 15 Minuten so über die Schüssel halten, dass der Dampf in das schmerzende Ohr gelangen kann. Damit der Dampf nicht entweicht, ein großes Badetuch über den Kopf legen. Abschließend den ganzen Kopf in einen warmen Schal oder ein vorgewärmtes Handtuch hüllen.

SCHLAFSTÖRUNGEN

☞ verursachen Stress auf Körper und Geist. Gelöschter Wein kann hier helfen. Dazu 1/2 Glas Wein bis zum Siedepunkt erhitzen. Dabei verlässt der Alkohol den Wein. Sobald Bläschen aufsteigen, einen Schuss kaltes Wasser dazugeben. Den Wein vom Herd nehmen und schluckweise trinken.

☞ Ein warmes Vollbad vor dem Zubettgehen kann hierbei helfen. Dazu 2 EL Baldrian-Wurzel in 1 l kochendes Wasser geben und das Ganze 10 Minuten kochen lassen. Danach durch ein Sieb gießen und den Sud ins Badewasser geben. Das Badewasser sollte eine Temperatur von 37 °C haben.

☞ Als Schlaftrunk hilft auch das bekannte Glas warme Milch mit Honig sehr gut. Man kann aber auch anstelle von Honig 1 geschälte Zwiebel in der Milch erwärmen. Vor dem Trinken die Zwiebel wieder aus der Milch entfernen.

☞ Als Einschlafhilfe kann Melisse zum Erfolg führen. Dazu 1 gut gehäuften EL Melisse mit 250 ml kochendem Wasser übergießen. Das Ganze abgedeckt 10 Minuten ziehen lassen. Den warmen Tee nach dem Abseihen schluckweise trinken.

SCHLUCKAUF

Lang anhaltender und immer wiederkehrender Schluckauf sollte von einem Arzt untersucht werden. Plötzlicher Schluckauf, z. B. nach hastigem Essen, ist harmlos und kann mit einem einfachen Mittel gestoppt werden. Man riecht einfach an gemahlenem Pfeffer. Das Niesen vertreibt den Schluckauf.

SCHNUPFEN

kann mit Melisse behandelt werden. Dazu 1 EL Melissenblätter mit einer Tasse kochendem Wasser übergießen und etwa 5 Minuten ziehen lassen. Danach durch ein Sieb gießen. Bis zu 2 Tassen täglich trinken.

SONNENBRAND

- ☞ kann man lindern, indem man diesen mit einem Quarkwickel abdeckt. Dazu den Quark dünn auf ein feines Leinentuch streichen und anschließend auf den Sonnenbrand legen, so lange bis der Quark getrocknet ist. Je nach Bedarf mehrfach erneuern.
- ☞ Frische Gurken-, Tomaten- oder Kartoffelscheiben auf die brennenden und geröteten Hautstellen legen.
- ☞ Zitronen oder Limetten auspressen und die Hautstellen mit dem Saft bestreichen.

VERDAUUNGSBESCHWERDEN

- ☞ können mit Kerbel behoben werden. Dazu 1 EL getrocknete Kerbelblätter mit 250 ml kochendem Wasser übergießen und 10 Minuten ziehen lassen. Anschließend durch ein feines Sieb gießen und in kleinen Schlucken trinken.
- ☞ Gegen Verstopfung kann Thymiantee helfen. Dazu 1 TL Thymian mit 1 Tasse heißem Wasser übergießen und 10 Minuten ziehen lassen. Abseihen und in kleinen Schlucken trinken. Von diesem Tee mehrmals täglich 1 Tasse trinken.

WARZEN

☞ Diese unliebsame Viruserkrankung kann mit Salbei bekämpft werden. Dazu 2 TL getrocknete oder frische Blätter Salbei mit heißem Wasser übergießen und nach 10 Minuten durch ein Sieb gießen. 2- bis 3-mal täglich je 1 Tasse trinken.

☞ Eiweiß ist ebenfalls ein „Warzenkiller". Nach dem Aufschlagen von 1 Ei bleibt nach dem Auslehren von Eiweiß und Eigelb in der Schale immer noch etwas Eiklar übrig. Dieses Eiklar regelmäßig auf die Warzen geben – und die Warzen verschwinden.

☞ Auch Knoblauch ist sehr wirksam. Dazu Knoblauch-Zehen-Scheiben mit einem Pflaster auf die Stelle mit der Warze kleben und über Nacht einwirken lassen. Jeden Abend wiederholen, bis die Warze verschwunden ist.

ZAHNSCHMERZEN

Akute Schmerzen können bis zum Zahnarztbesuch gelindert werden,

☞ indem man 1 Gewürznelke in den hohlen Zahn oder zwischen den betroffenen Zahn und den Nachbarzahn steckt.

☞ indem man ein Stückchen Kalmus-Wurzel nimmt und es kaut, bis die Schmerzen nachlassen.

☞ oder indem man zur Mundspülung einen Aufguss mit der Kalmus-Wurzel zubereitet. Dazu setzt man 1 TL der fein geschnittenen Wurzel mit einer Tasse kaltem Wasser an und lässt das Ganze aufkochen. Nach einer Kochzeit von 5 Minuten lässt man den Aufguss weitere 5 Minuten ziehen. Den Sud durch ein feines Sieb gießen und den Mund damit spülen, aber nicht trinken.

APFEL

Eine alte Redewendung besagt: Ein Apfel am Tag erspart den Doktor. Äpfel sind verdauungsfördernd, stärken die körpereigene Abwehr, hemmen Entzündungen und machen freie Radikale unschädlich.

ANIS

wirkt krampflösend und verdauungsfördernd.

BANANE

ist ein wahrer „Stresskiller". Dieses Früchtchen liefert ein Sechstel des täglichen Bedarfs an Magnesium.

BASILIKUM

regt die Verdauung an.

BEIFUSS

hilft bei Verdauungsbeschwerden, Magenproblemen und regt den Gallenfluss an.

BOHNENKRAUT

ist sehr gut gegen Blähungen und Verdauungsbeschwerden.

BROKKOLI

Dieses köstliche Gemüse veranlasst den Körper zur Bildung von krebshemmenden Substanzen.

FENCHEL

Diese schmackhafte Knolle kann gegen Blähungen, Brechreiz und Erkältungskrankheiten helfen.

FISCH

Besonders Kaltwasserfische enthalten Omega-3-Fettsäuren. Diese schützen die Blutgefäße und beugen Herzinfarkten vor.

HEIDELBEEREN

senken das Risiko von Arteriosklerose.

INGWER

Dieses scharfwürzige Gewürz ist ein Allrounder. Ingwer hilft gegen Übelkeit, Aufstoßen, allgemeine Schwächezustände und Niedergeschlagenheit.

KAMILLE

wirkt beruhigend und entspannend auf das Nervenzentrum.

KERBEL

ist nicht nur schmackhaft, sondern hilft auch bei Verdauungsstörungen und wirkt entschlackend.

KNOBLAUCH

wirkt am besten roh verzehrt gegen Arteriosklerose und Verstopfung. Diese herrliche Knolle ist zudem appetitanregend und antibakteriell.

MAJORAN

Dieses wohlschmeckende Gewürzkraut hat magenstärkende Eigenschaften und verhindert zudem Blähungen.

MAKRELEN

Dieser Fisch ist bei Herz- und Kreislaufbeschwerden empfehlenswert.

MANDELN

schützen vor Herz-Kreislauf-Erkrankungen und vor einem hohen Cholesterinspiegel.

MELISSE

ist sehr hilfreich gegen nervöse Unruhe und Erschöpfung. Außerdem kann sie bei Magen- und Darmbeschwerden sowie Blähungen eingesetzt werden.

MILCH

Mit ihren Inhaltstoffen aus hochwertigem Eiweiß, leicht verdaulichem Fett und gut verwertbarem Milchzucker hilft sie gegen Osteoporose und mindert das Darmkrebsrisiko deutlich – bei nur einem Glas pro Tag.

MÖHREN

Dieses leckere Gemüse puffert freie Radikale ab. Das reichlich vorhandene Vitamin A ist für die Sehkraft von Vorteil.

PETERSILIE

Dieses Küchenkraut wirkt verdauungsfördernd, harntreibend und krampflösend.

QUITTE

Diese Frucht kann bei Erkältungskrankheiten, Sodbrennen, Magen- und Darmbeschwerden helfen.

RETTICH

ist sehr schmackhaft und wirkt harntreibend, appetitanregend und ist verdauungsfördernd.

ROTE BETE

stimuliert die Leberzellen, kräftigt die Gallenblase und hilft dabei, die Gallengänge gesund und frei zu halten.

SALBEI

Dieses bekannte Küchenkraut kann gegen Magen- und Darmbeschwerden, Blähungen und gegen Bronchitis eingesetzt werden.

SAUERKRAUT

liefert lebendige probiotische Milchsäurebakterien und wirkt sehr gut bei Magen- und Darmbeschwerden. Roh verzehrt hilft Sauerkraut gegen Verstopfung.

SCHNITTLAUCH

ist blutreinigend und hat einen hohen Vitamin-C- und Eisengehalt. Er sollte allerdings nicht gekocht werden, denn dann verliert er seine nützlichen Eigenschaften.

SELLERIE

Sowohl der Knollen- als auch der Stangensellerie wirkt blutreinigend, harntreibend und hilft bei Appetitlosigkeit und Erschöpfung.

SPARGEL

wirkt harntreibend, verdauungsfördernd und gegen Leberleiden.

THYMIAN

löst Verstopfungen.

TOMATEN

In gekochtem Zustand und mit Olivenöl beugen Tomaten bei häufiger Sonnenbestrahlung der Hautalterung vor.

ZWIEBEL

rundet viele Gerichte geschmacklich ab. Im gesundheitlichen Bereich wirkt sie besonders gegen Erkältungskrankheiten, Verstopfung, Arteriosklerose und Bluthochdruck. Außerdem kann sie äußerlich gegen Insektenstiche eingesetzt werden.

Sachregister

Bildnachweis

Innenseiten Fotos:
fotolia.de: S.1 © anjelagr, S.2 © PhotoGTS, S.6 © pitrs, S.8 © Steven Van Veen, S.12 © Markus Mainka, S.15 © Thomas Francois, S.16 © photocrew, S.19 © DOC RABE Media, S.20 © Christian Jung, S.23 © Jacques PALUT, S.24 © photocrew, S.27 © Printemps, S.28 © pattie, S.31 © Antrey, S.32 © Klaus Eppele, S.33 © yellowj, S.34 © EcoView, S.35 © Carola Schubbel, S.36 © Günter Menzl, S.39 © Eisenhans, S.40 © Riccardo Piccinini, S.43 © Schlierner, S.45 © xy, S.46 g Gina Sanders, S.49 © kirillica, S.51 © Markus Bormann, S. 52 © fotografci, S.54 © Floydine, S.57 © Stefan Körber, S.59 © Cora Müller, S.60 © gotoole, S.62 © PhotoSG, S.63 © Iakov Kalinin, S.64 © Michael Trapp, S.65 © Floydine, S.66 © mythja, S.69 © Kzenon, S.71 © Jeanette Dietl, S.76 © Hetizia, S.79 © Fotowerk, S.80 © PhotoSG, S.82 © NataliTerr, S.84 © Fotowerk, S.87 © PhotoSG, S.88 © chamillew, S.91 © PhotoSG, S.92 © HappyAlex, S. 96 © Sternstunden

Umschlag:
Cover: „Küchenallerlei“ © Bruno Hof, alle anderen Bilder fotolia.de: © Photo GTS
Rückseite: fotolia.de: © Photo GTS

Bordüren, andere Verzierungen:
fotolia.de: © Teamarbeit, © Aleksander Nordaas, © Carola Schubbel, © fischer-cg.de, © Andrzej Tokarski, © leno2010, © Picture-Factory, © Fotowerk, © WoGi, © Natika, © Juri Samsonov, © by-studio, © Schepi; Fotorahmen © mebus-design.de